눈이 시리도록 푸른 하늘과 뜨거운 햇살을 받은 작은 마을들은 친절을 부른다. 마을들을 지나다 보면 가슴에 최고의 풍경화를 그려낸다. 신앙의 길에서 시작했지만 전 세계 사람들은 자유로운 영혼과 뜨거운 열정을 가슴에 품고 길에다 풀어놓는다.

한 걸음, 한 걸음 내딛는 길에서 저마다 다른 빛깔의 일상을 이야기하고 새로운 희망을 마주할 수 있는 곳이 산티아고 순례길이다.

내가 걷는 길이 나를 더 행복하게 만들어 주었으면 좋겠다.

최근에는 지도를 구글 지도로 사용하는 순례자가 대부분이라서 산티아고 순례길 가이드북의 지도는 단순하게 필요한 부분만 보여주도록 제작 되었습니다.

욕심의 무게

순례길에서 가지고 있는
짐의 무게가 자기의 욕심의 무게라고 이야기 한다.

대부분 처음에 짐을 잔뜩 들고 출발하지만
그러고 나서 어느정도 지나면 깨닫게 된다.

짐이 너무 무거워서 줄여야 한다는 걸,
그러고 나서 줄이면 좀 줄어들고,
2~3번정도 줄이면 현명한 짐이 나타난다.

Contents

욕심의 무게	4
Intro	10
스페인 북부, 산티아고 순례길 사계절	12
산티아고 순례길을 걸으며 만나는 표시들	18
산티아고 순례길에서 꼭 자세히 볼 도시 Best 5	20
산티아고 순례길에서 꼭 즐겨야 하는 Best 5	25
산티아고 순례길 여행 잘하는 방법	30
About 산티아고 순례길	34
왜 산티아고 순례길을 걷는가?	44

》》 산티아고 순례길을 위한 Teaching　　48

산티아고 순례길 준비 밑그림 그리기
산티아고 순례길 여행 계획 짜기
산티아고 순례길 부분 걷기 코스 / 여행 계획 세우는 방법
산티아고 순례길로 이동하는 방법
무엇을 준비해야 할까요?
걸을 때 가장 문제가 되는 몸의 이상은 무엇일까요?
식사는 어떻게 하나요?

산티아고 순례길을 City & Town

스페인 맥주 & 와인
순례자의 하루
인간 승리 미셸
순례길을 걸으면서 만나는 친구들

》 산티아고 순례길을 걸으며 만나는 City & Town
매일 만나는 도시와 마을을 찾아보는 33일 일정

1일차 | 생 장 피드포트에서 론세스바예스까지	78
2일차 | 론세스바예스부터 수비리까지	88
3일차 | 수비리부터 팜플로나까지	98
4일차 | 팜플로나에서 푸엔테 라 레이나까지	110
5일차 | 푸엔테 라 레이나에서 에스테야까지	126
6일차 | 에스테야에서 로스 아르코스까지	140
7일차 | 로스 아르코스에서 로그로뇨까지	148
8일차 | 로그로뇨에서 나헤라까지	162
9일차 | 나헤라에서 산토 도밍고 데 라 칼사다까지	170
10일차 | 산토 도밍고 데 라 칼사다에서 벨로라도까지	180

11일차 | 벨로라도에서 아헤스까지	188
12일차 | 아헤스부터 부르고스까지	198
13일차 | 부르고스에서 오르니요스까지	212
14일차 | 론오르니요스부터 카스트로해리스까지	218
15일차 | 카스트로해리스부터 프로미스타까지	224
16일차 | 프로미스타부터 카리온 데 로스 콘데스까지	232
17일차 | 카리온 데 로스 콘데스부터 테라디요스 데 로스 템플라리오스까지	242
18일차 | 테라디요스 데 로스 템플라리오스부터 베르시아노스 델 레알 카미노까지	246
19일차 | 베르시아노스 델 레알 카미노부터 만시야 데 라스 물라스까지	256
20일차 | 만시야 데 라스 물라스부터 레온까지	262
21일차 | 레온부터 비야르 데 마사리페까지	274
22일차 | 비야르 데 마사리페부터 아스토르가까지	280

23일차 | 아스토르가부터 폰세바돈까지	**292**
24일차 | 폰세바돈부터 폰페라다까지	**298**
25일차 | 폰 페라다에서 비야프랑카 델 비에르소까지	**312**
26일차 | 비야프랑카 델 비에르소에서 오 세브레이로까지	**324**
27일차 | 오 세브로이로에서 트라야카스텔라까지	**330**
28일차 | 트라야카스텔라에서 사리아까지	**334**
29일차 | 사리아부터 포르토마린까지	**340**
30일차 | 포르토마린부터 팔라스 데 레이까지	**350**
31일차 | 팔라스 데 레이부터 아르수아까지	**356**
32일차 | 아르수아부터 오 페드로우소까지	**366**
33일차 | 오 페드로우소부터 산티아고 데 콤포스텔라까지	**370**
산티아고 순례길의 마지막 지점, 피니스테레	**392**
스페인어	**396**

Intro

산티아고 순례길에서 배운 나

저자는 이 길에서 누구나 인생이 끝날 때까지 살아간다면 성공한 인생이라고 판단하게 되었다. 산티아고 순례길은 경쟁을 하면서 걸어가는 길이 아니다. 가끔 남들보다 더 빨리 걸었다고 자랑을 하는 순례자도 있다. 그는 걷기만 했지 누구와 대화를 나누면서 인생을 배우려고 했는지 의문이다.

빨리 걷든 느리게 걷든 개인마다 체력이 다르고 걷고 있는 날씨의 상황도 다르다. 우리는 산티아고 데 콤포스텔라에 도착하면 된다. 도착만 하면 누구나 순례자 완주증을 받는다. 완주증에는 어떤 내용도 적혀 있지 않다. 적을 필요가 없기 때문이다. 완주증을 받으면서 받는 희열과 감동이 산티아고 순례길의 매력이다. 전 세계에서 온 순례자와 함께 교감을 나누면서 지내고 서로 도와주면서 받는 감동은 말

산티아고 순례길을 City & Town

로는 표현할 수 없다. 어디에서도 쉽게 받을 수 있는 곳이 없게 된 지금의 세상에서 순례길의 감동을 받아가길 바란다.

인생도 마찬가지일 것이다. 어떤 이는 성공을 하고 어떤 이는 실패를 하지만 누가 행복한 인생을 살지는 모른다. 실패를 했지만 행복한 인생을 살았던 이가 더 좋을 수도 있다. 신이 인간에게 생명을 주었다면 누구나 죽을 때까지 살아가기만 한다면 신이 인간에게 준 책임을 다한 것이니 '성공'한 인생이다. 성공만을 위해 다른 사람들을 제치고 살아가는 것에 희열을 느낀다면 인생의 후반기에 누구에게 보복을 당할 수도 있고 불행이 찾아올 수도 있으므로 인생은 누구나 모르는 상황에서 살아간다.

특히 2021년 2년 만에 개방된 산티아고 순례길에서 나는 전 세계의 사람들과 만나고 이야기하면서 힘든 산티아고 순례길에서 매일 행복하게 걸었고 그들에게 배웠다. 그들은 완전히 나를 바꾸어 놓았다. 사진작가인 파울로 카르도네Paolo Cardone가 시작하여 르네Rene가 나아게 감동을 주었고 노엘리아Noelia가 마지막을 장식했다. 그 외에도 알프레도Alfredo, 하비에르Javier, 앙헬Angel, 엠마누엘Emmanuel, 프란체스코Francesco는 평생 내가 잊을 수 없는 이름일 것이다.

자신의 인생을 공정하게 살아가고 정직하게 살아가면서 세상을 도울 수 있다면 도우면서 행복하게 살아야 하지 않을까?

스페인 북부, 산티아고 순례길 사계절

유럽의 서쪽에 있는 이베리아 반도에 위치한 스페인은 지브롤터 해협을 사이에 두고 아프리카와 마주하고 있고, 피레네 산맥이 남북으로 가로막아 자연스럽게 프랑스와 국경을 형성하고 있다.

유럽에서 3번째로 땅덩이가 큰 스페인은 그에 걸맞게 다양한 기후가 나타난다. 대서양과 맞닿아 있는 서북 지방은 일 년 내내 습한 해양성 기후이고, 동남부 해안 지대는 여름에는 덥고 건조하며 겨울에는 따뜻하고 비가 오는 지중해성 기후이다. 또 중부 내륙은 스텝 기후 지역으로 비가 적게 내린다. 이베리아 반도의 80%이상을 차지하는 스페인은 국토의 대부분이 해발 1,000m 안팎의 고원지대로 이루어져 있다.

산티아고 순례길을 걷는 대부분의 지역은 스페인 북부 지대로 더운 여름과 추운 겨울이 있는 날씨로 건조한 스페인과 다르다는 점을 빼고 대한민국의 사계절과 비슷할 수 있다. 스페인 북부도 봄과 가을에 일교차가 커지고 겨울에는 눈도 많이 오기 때문에 산티아고 순례길을 걷는 동안 날씨에 대한 대비도 해야 한다.

산티아고 순례길을 City & Town

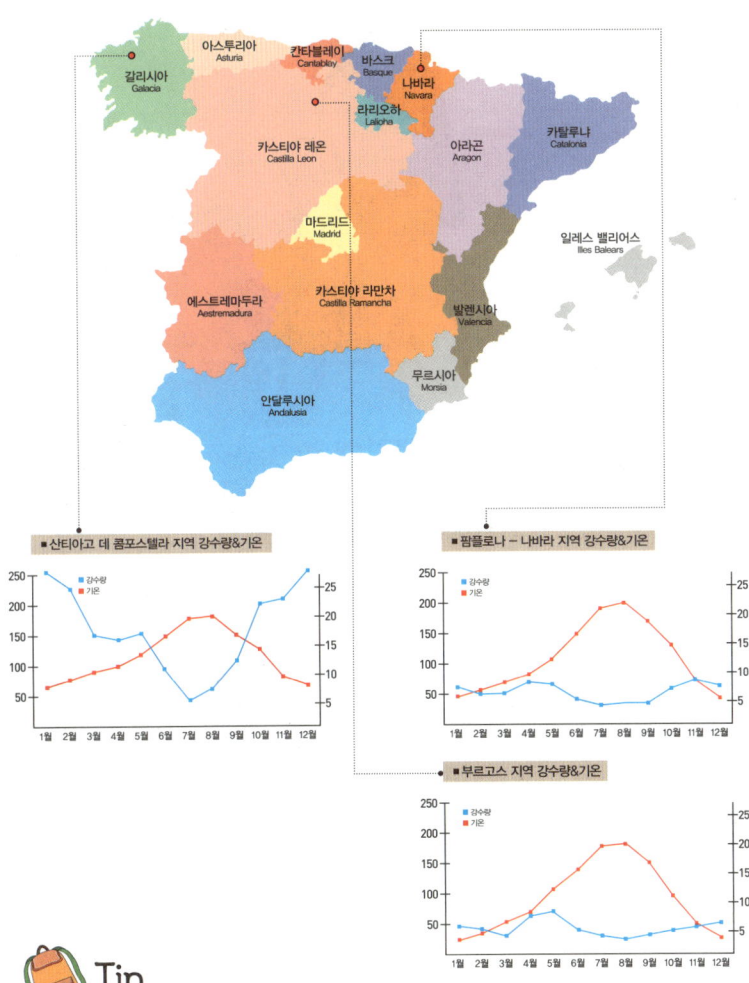

■ 산티아고 데 콤포스텔라 지역 강수량&기온

■ 팜플로나 – 나바라 지역 강수량&기온

■ 부르고스 지역 강수량&기온

Tip

스페인 전체 날씨

남부는 반도와 섬이 많아 해안선이 복잡하고 북부는 고원으로 형성되어 있다. 스페인은 대체로 여름에는 덥고 건조하며, 겨울에는 비교적 따뜻하고 비가 자주 내리는 지중해성 기후가 나타난다. 하지만 땅이 넓어 지역에 따라 다양한 기후가 나타나고 있다. 지중해 연안인 스페인의 남동부는 일 년 내내 따뜻하지만 마드리드 위쪽의 중부지방은 더운 여름과 추운 겨울의 기온 차이가 크다.

봄 | 4월 중순~5월 말

4월에는 스페인 북부는 건조한 날씨가 시작되지만 피레네 산맥과 갈리시아 지방에는 비가 많이 내린다. 출발하기 전에 날씨를 확인하고 순례길을 걸어야 비가 오는 날 체온유지를 할 수 있다.

여름 | 6~9월 중순

휴가를 맞은 전 세계의 순례자들이 가장 많이 순례를 시작하는 계절이다. 하지만 날씨가 너무 덥고 뜨거워 12시 이후에는 걷기가 힘들다. 열사병이나 일사병에 대한 대비를 하면서 걷고, 수분 섭취를 적절하게 하여 체온이 급격하게 상승하는 것을 막아야 한다.

Tip

많은 전 세계의 순례자들이 몰리기 때문에 알베르게에서 숙박하는 것이 쉽지 않다. 예약을 할 수 없고 선착순으로 알베르게에 머물 수 있어서 많은 순례자들은 7시 전부터 출발하는 순례자들도 상당히 많아진다.

가을 | 9월 말~11월 중순

산티아고 순례길을 가장 걷기 좋은 계절이라고 말한다. 라 리오하 지방은 와인을 위한 포도를 수확하고, 메세타 지역은 농작물을 수확한다. 온도도 25도를 유지하고 건조한 날씨가 상당기간 지속되므로 걷기가 수월하다. 하지만 갈리시아 지방으로 다가갈수록 점점 비가 오는 날씨는 많아진다.

산티아고 순례길을 City & Town

겨울 | 11월 말~다음해 4월 초

피레네 산맥에는 겨울에 눈이 상당히 많이 오는 데, 녹지 않고 얼어있는 구간이 많아서 걷기가 힘들다. 이후에는 평지가 계속 되므로 걸을 수는 있지만 눈이 오거나 비가 오는 날씨가 순례자들을 힘들게 만든다. 그러나 도시 레온 이후(오 세브로이로 제외)에는 영상의 날씨가 대부분이어서 짧은 300km이내에는 걷는 것이 나쁘지 않다. 갈리시아 지방에는 눈보다는 비가 오는 날이 많으므로 우비를 준비하고 체온 유지에 신경을 쓴다면 걸을 수 있다.

적은 숫자의 순례자들이 오기 때문에 서로간의 끈끈한 정으로 걸어가는 경우가 많아서 추억은 더 많아지는 계절이다. 침낭과 방수 보온 등산 의류를 준비하면 도움이 된다.

산티아고 순례길을 걸으며 만나는 표시들

산티아고 순례길을 City & Town

산티아고 순례길에서 꼭 자세히 볼 도시 Best 5

팜플로나(Pamplona)

스페인 북부 나바라 지방의 주도인 팜플로나는 소몰이 축제가 유명하다. 소몰이 축제Encierro는 7월 6일부터 시작되는 산 페르민San Fermin 축제의 일환으로 열리는 행사이다. 투우 경기에 사용하는 소들을 투우장으로 옮길 때 운반 수단을 이용하지 않고, 도시 인근의 소 우리에서 투우 소들을 풀어서 투우장까지 몰고 가는 과정에서 생긴 축제이다. 많은 사람들은 산 페르민 축제 기간 동안 매일 8시 정각에 산토도밍고 광장에서 산토도밍고 거리와 에스타페타 거리를 지나 투우장까지 825m의 좁은 거리를 투우 소들과 함께 달린다.

1924년 이래 15명의 사망자와 200명 이상의 부상자가 발생했다고 보고되기도 했다. 이 축제는 헤밍웨이가 1926년에 출간한 소설 "해는 또 다시 떠오른다."에 나와 세계적으로 유명세를 타게 되었다.

산티아고 순례길을 City & Town

부르고스(Burgos)

부르고스Burgos는 인구가 20만 명도 안 되는 작은 도시이지만 스페인 북부에서는 큰 도시이다. 11~400년까지 카스티야 레온 왕국의 수도였고, 레콩키스타의 최고 영웅인 엘 시드의 고향이기도 하다. 때문에 부르고스에는 도시 규모답지 않게 많은 유적들이 있다.

중세 시대에 도시의 관문 역할을 한 우아한 산타 마리아 문, 로마네스크 양식의 회랑이 아름다운 라스 우엘가스 수도원 등 매력적인 건축물로 가득한 도시이지만 우리가 부르고스로 가는 이유는 대부분 부르고스 대성당을 보기 위해서다.

부르고스 대성당은 크기로만 따지면 스페인에서 세비야와 톨레도에 이어 3번째이다. 하지만 규모, 아름다움, 예술적 가치 등 모든 것을 종합할 때 부르고스 대성당이 스페인의 최고 성당이라는 데, 이의를 제기할 사람은 거의 없다. 1221년 건축을 시작, 약 300년에 걸쳐 독일, 프랑스 등 세계 각지에서 온 건축가와 예술가들이 총력을 기울여 만든 고딕 양식의 최고 걸작품이다.

레온(Leon)

서기 68년에 로마인들은 외적의 침입에 대비하고 이 지역에서 생산되는 금을 안전하게 수송하기 위해 도시를 건설했다. 로마 제국의 제 7군단의 주둔지였던 레온은 3세기까지 이베리아 반도 북서부 지방의 정치와 군사의 중심지로 성장했다.

레온Leon이라는 이름은 라틴어로 군단을 의미하는 레지오Legio에서 유래된 단어이다. 그 후 레온은 서고트족의 통제하에 있다가 10세기에 오르도뇨 2세Ordono가 수도를 오비에도Oviedo에서 레온으로 옮기면서 도시의 규모가 빠르게 커졌다. 그러나 996년에 알만수르가 이끄는 이슬람 세력에 의해서 파괴되었다. 이 후 알폰소 5세(999~1027)가 도시를 재건하여 레온 왕국의 수도로 삼았다.

아스토르가(Astorga)

아스토르가Astorga는 산티아고 순례길의 마지막 250㎞지점 정도에 있는 도시로, 2,000년 전에 로마인들에 의해 세워진 유서 깊은 도시이다. 로마시대의 유적지도 유명하지만 가우디가 디자인한 네오고딕 양식의 주교관 건물이 더 보고 싶을 수 있다. 현재 순례자 박물관으로 사용하고 있는데, 가우디의 초창기 건축물이라 가우디의 특징이 나타나지는 않아 유명하지는 않다.

아스토르가 시민들이 매일 보고 사람들을 만나는 장소인 마요르 광장은 고대 로마시대에 포룸Porum이 있던 곳으로 중세부터 현재의 광장 모습으로 변화하기 시작했다. 광장의 한편에는 17세기 바로크 양식으로 지어진 시청이 있다.

산티아고 데 콤포스텔라(Santiago de Compostela)

산티아고 순례길의 종착지로 기독교 3대 성지이기도 하다. '산티아고Santiago'란 스페인어로 성 야곱을, '데 콤포스텔라de Compostela'는 별이 내리는 들판을 뜻하는 말이다. 산티아고 데 콤포스텔라는 그 유명한 산티아고 순례길의 최종 목적지이다. 로마, 예루살렘과 함께 기독교의 3대 성지 순례길 중 하나이다.

산티아고Santiago가 이런 자리에 오른 것은 9세기에 그 동안 전설로만 떠돌던 예수의 12제자 중 한명인 성 야곱의 무덤이 발견되었기 때문이다. 주교 테오드미로가 수도사들과 하마께 성 야곱의 무덤을 발견한 것을 계기로 성 야곱을 기리기 위한 성당을 건축하기 시작했고 이 성당이 지금의 대성당의 기초가 되었다.

산티아고 순례길에서 꼭 즐겨야 하는 Best 5

라 리오하(Ra Rioja) 지방의 와인

스페인에서 포도가 본격적으로 생산되기 시작한 때는 프랑스의 와인 생산지역에서 포도밭에서 발생한 질병인 '필록세라'를 피하기 위해 남쪽으로 내려와 포도 재배를 시작한 이후, 대체지역으로 스페인 북부로 시선을 옮기면서 시작하였다.

프랑스보다 질병에 강하고 종류도 다양해진 스페인 와인은 프랑스 와인의 대체지역으로 시작하였지만 지금은 프랑스 와인의 저가 와인 시장을 유럽 내에서 대체하는 효과를 보고 있다. 상대적으로 브랜드화가 안 되어 고가 와인은 많지 않지만 새로운 다양한 와인을 맛볼 수 있어서 스페인 와인은 점차 세계적으로 인기를 얻고 있다.

파에야(Paella)

파에야^{Paella}는 쌀과 고기, 해산물, 채소를 넣고 만든 스페인의 쌀 요리로 사프란이 들어가 특유의 노란색을 띈다. 아랍세계의 지배를 받던 중세시대에 쌀이 스페인으로 처음 유입되면서 파에야와 유사한 음식을 먹기 시작한 이후, 지금의 파에야 명칭은 19세기에 들어서부터 부르기 시작했다.

파에야의 기원
사람들이 많이 모이는 행사에서 쌀, 생선, 향신료를 넣은 요리를 만들어 먹은 것에서 유래했다는 설과, 왕족의 연회에서 남은 음식을 이용해 신하들이 오늘날의 파에야와 비슷한 음식을 만들어 먹은 것에서 시작되었다는 설이 있다.

파에야를 만드는 방법
빠에예라^{Paellera}라는 넓은 팬에 고기를 먼저 볶다가 양파, 토마토, 마늘 등을 넣어 볶은 후 물을 부어 끓기 시작하면 쌀과 사프란^{Saffron}을 함께 넣어 만든다. 쌀을 팬에 얇게 펴서 바닥은 눌어붙게 하고 위는 질척하지 않게 조리해야 파에야 특유의 맛이 우러난다.

하몬(Jamón)

하몬Jamón은 돼지의 뒷다리를 소금에 절여 숙성한 음식인데, 로마시대에도 기록이 남아있을 정도로 오래된 음식이다. 기원전 210년부터 시작되었다고 전해진다. 사람들은 앞다리를 숙성하면 안 되냐고 묻지만 팔레타Paleta라는 다른 이름이 있기 때문에 하몬Jamón과는 엄연히 다르다는 사실을 알아야 한다.

하몬(Jamón) 등급

하몬 이베리코Jamón ibérico는 하몬을 만드는 돼지의 품종이 이베리코 돼지인 경우에 쓸 수 있다. 최상품인 하몬 이베리코 데 베요타Jamón ibérico de bellota는 도토리만 먹여서 키웠다는 오해가 있는데 이는 사실과 다르다. 하몬 이베리코 데 베요타Jamón ibérico de bellota는 몬타네라 라는 집중적으로 살을 찌우는 시기에 도토리나무가 있는 산에 풀어놓는다. 돼지들이 산을 자유로이 돌아다니면서 도토리를 주워 먹어서 살을 찌우기 때문에 근육의 양이 올라가면서 특유의 맛을 가지게 된다.

도토리를 먹여 키운 돼지는 전체 하몬 생산량의 3.3%만 차지할 정도로 가장 희귀하게 여겨진다. 이베리코 돼지가 아닌 경우 흔히 하몬 세라노 혹은 하몬 리제르바라고도 불리는데 이는 보통의 돼지로 만든 것이다. 이베리코나 이베리코 데 베요타 하몬은 발굽이 검은 것으로 구분할 수 있다.

뽈뽀 아 라 페리아(Pulpo a la feria)

서민 음식인 뽈뽀Pulpo는 산티아고 순례길의 마지막으로 지나가는 스페인 갈리시아Gallega 지방의 전통적인 문어 요리이다. 페이라feria는 '풍물시장'이라는 뜻으로, 한마디로 '시장의 문어 요리'이다. 갈리시아Gallega 지방은 북대서양의 온난한 맥시코 난류의 영향으로 다양한 해산물 요리가 유명하다.

만드는 방법

문어를 푹 삶기 전, 우선 문어다리를 모아 끓는 물에 3번 담갔다 꺼내기를 반복한다. 이는 문어다리 끝이 축 늘어지지 않고 구부러질 수 있도록 만드는 작업이다. 스페인에서는 머리보다 다리를 더 선호하며, 머리는 가끔씩 그대로 버리기도 한다. 문어를 다 삶았으면 가위로 잘라내고, 거친 소금과 갈리시아Gallega에서 피멘투pemento라고 부르는 매콤한 파프리카를 뿌린 뒤 올리브 오일을 두르면 된다. 전통적으로 나무접시 위에 담아 빵과 함께 낸다. 전통적으로 물 대신 갈리시아Gallega 레드 와인을 곁들여 먹는 특징이 있다.

문어를 삶을 때는 너무 쫄깃해서도 안 되고, 그렇다고 너무 삶아서 딱딱해져서도 안 된다. 이렇게 미묘한 요리의 특성상 갈리시아Gallega에는 문어만 전문적으로 삶는 사람을 '풀페이로스Pulpeilos'라고 부를 정도로 자부심이 대단하다.

산티아고 순례길을 City & Town

보카디요(Bocadillo) & 타파스(Tapas)

보카디요는 절반 크기의 바게트 사이에 하몽이나 초리소, 치즈, 야채 등을 넣은 스페인식의 샌드위치이다. 이름은 한 입에 먹을 수 있는 양을 의미하는 'Bocado'에서 유래하였다.

티파스는 뚜껑이나 책 표지를 의미하는 단어이다. 타파스[Tapas]는 저렴한 가격에 다양한 음식을 맛볼 수 있는 스페인 대표 음식으로 사실은 와인이나 맥주와 함께 먹는 안주가 발전한 요리라 보면 된다.
끼니를 간단히 때우기에 제격으로, 대부분 카페나 바[Bar]에서는 스페인 사람들의 일상이 되어 버린 타파스[Tapas]를 판매한다. 치즈, 생선, 계란, 야채 요리, 카나페 등의 간단한 것에서 복잡한 요리까지 포함된다. 바스크 지방에서는 핀초스[Pinchos]라고 한다.

산티아고 순례길 순례 여행 잘하는 방법

1. 도착하면 관광안내소(Information Center)를 가자.

어느 도시가 되도 도착하면 해당 도시의 지도를 얻기 위해 관광안내소를 찾는 것이 좋다. 공항에 나오면 중앙에 크게 'i'라는 글자와 함께 보인다. 환전소를 잘 몰라도 문의하면 친절하게 알려준다.

2. 심카드나 무제한 데이터를 활용하자.

산티아고 순례길을 걸으면서 데이터를 사용하지 못한다면 와이파이Wifi라도 사용해야 하지만 와이파이도 잘 잡히지 않고 안 되는 알베르게도 상당히 많다. 그래서 마드리드 공항이든, 프랑스 파리 드골 공항이든 반드시 공항에서 심Sim카드를 구입해서 이동해야 한다.

공항에서 시내로 이동을 할 때, 저녁에 도착했을 때도 구글맵이 있으면 쉽게 숙소도 찾을 수 있어서 스마트폰의 필요한 정보를 활용하려면 데이터가 필요하다. 심 Sim카드를 사용하는 것은 매우 쉽다. 오렌지 텔레콤이나 보다폰 매장에 가서 스마트폰을 보여주고 데이터 상품만 선택하면 매장의 직원이 알아서 다 갈아 끼우고 문자도 확인하여 이상이 없으면 돈을 받는다.

3. 환전은 미리 대한민국에서 해야 한다.

공항에서 시내로 이동하려고 할 때 버스나 기차, 익스프레스를 가장 많이 이용한다. 이때 유로(€)가 필요하다. 현지에서 환전을 하는 경우는 많지 않다. 가지고 간 환전 금액이 부족할 때 사용하기 때문에 대부분의 여행금액은 필요한 돈을 미리 환전하여 가야 한다. 시내 환전소에서 환전하는 것이 더 편리하고 저렴하기 때문에 공항에서 환전하는 경우는 많지 않다.

4. 공항에서 시내로 들어가는 정보를 갖고 출발하자.

스페인 마드리드와 프랑스 파리에서 산티아고 순례길로 이동하려면 마드리드나 파리에서 잠깐의 여행을 시작하는 경우가 대부분이다. 이때 공항에서부터 당황하지 말고 공항에서 시내로 들어가는 교통수단을 알고 가는 것이 좋다.
만약 같이 여행하는 인원이 6명이상이라면 대형택시를 활용하는 것이 편리하고 가격차이가 없다. 대부분의 여행자는 기차를 이용해 시내로 이동한다. 공항버스는 출, 퇴근 시간대에는 이동에 시간이 오래 소요되는 단점이 있다.

5. 공항이 복잡하다.

마드리드 공항이나 프랑스 파리 공항은 최근에 확장을 하면서 아름다운 공항이 되었다. 프랑스 파리 드골 공항도 복잡하지만 특히 마드리드 공항은 물결 모양을 공항의 천장에 형상화시켜 놓았는데, 공항은 아름다워졌다. 하지만 마드리드 공항은 더 복잡해졌다.

마드리드 공항, T4는 멀리 떨어진 곳에 있어서 반드시 사전에 어느 공항에 출발, 도착하는 지 확인해야 한다. 시간에 쫓겨 공항에 잘못 도착했다면 출발하는 곳이 달라 비행기를 놓치는 경우도 발생한다.

6. 산티아고 순례길을 걷기 전에 사전에 관광은 자제하자.

산티아고 순례길은 쉽게 갈 수 있는 해외여행지는 아니다. 물론 사람마다 생각이 다르겠지만 평생 한번만 갈 수 있다는 생각을 하지 말고 여유롭게 관광지를 보는 것이 좋다. 산티아고 순례길을 걷기 위해 출발하는 것인데, 다른 관광지에 정신을 빼앗긴다면 자칫 산티아고 순례길을 걷는 것이 부담스러워질 수 있다.

산티아고 순례길을 City & Town

자신에게 주어진 시간만큼 행복한 여행이 되도록 여유롭게 여행하는 것이 좋다. 산티아고 순례길을 걸은 후에 여행은 얼마든지 할 수 있다. 오랜 기간 스페인에서 머무른다고 해도 매일 같이 보면서 여행을 하기는 쉽지 않다. 오히려 서둘러 보다가 지갑도 잃어버리고 여권도 잃어버리기 쉽다. 허둥지둥 다닌다고 한 번에 다 볼 수 있지도 않으니 산티아고 순례길을 걸은 후에 여행을 하는 것이 홀가분한 마음으로 여행을 할 수 있고, 만족도도 더 높을 것이다.

7. 에티켓을 지키는 여행으로 순례자와의 마찰을 줄이자.

산티아고 순례길에서 에티켓을 지키지 않아 발생하는 문제는 상당히 많다. 매일 같이 걸어가면서 봐야 하는 순례자들이 서로 만나기 싫어지는 경우는 조심해야 한다. 어떤 문제가 발생해도 에티켓을 지킨다면 다른 순례자들은 지지하므로 잠깐의 껄끄러운 문제도 행운으로 돌아오는 경우도 있다. 그러므로 산티아고 순례길에서 에티켓을 지켜야 하는 것이 먼저다.

About 산티아고 순례길

산티아고 순례길에서 프랑스 길을 걷는 다고 하는데, 프랑스 길은 어디인가요?

산티아고 순례길에서 걸어가는 최종 목적지는 산티아고 데 콤포스텔라Santigo de Compostela이다. 예수의 12제자 중 한 명인 야곱(산티아고)의 무덤이 있다고 알려져 있다. 야곱의 무덤이 있는 곳으로 향하는 길(카미노) 중에 프랑스 길이 있는 것이다.

프랑스 길 외에도 포르투갈 길, 은의 길, 북부 길, 마드리드 길, 레반테 길 등 많다. 그 중에서 순례자가 되기 위해 가장 많이 찾는 길은 프랑스 길이다. 현재 프랑스 길이 가장 정비가 잘 되어 있고 숙소체계도 안전하게 운영되고 있다.

프랑스 길은 프랑스의 생장피드포트St. Jean Pied-de-Port에서 갈리시아 지방의 산티아고 데 콤포스텔라Santigo de Compostela까지 약 800㎞를 걷는다.
스페인 북부의 17개의 자치주 중에서 4개의 자치주인 나바라, 라 리오하, 카스티야 이 레온, 갈리시아를 걸어간다.

1년 중에서 언제 가장 걷기가 좋을까요?

스페인 북부는 대한민국과 날씨가 비슷하다. 스페인 남부는 따뜻하여 겨울에도 반팔을 입고 다닐 수 있지만 스페인 북부는 겨울에 눈도 오고 춥다. 반대로 여름에는 매우 덥다. 그러므로 대한민국의 날씨를 생각하면 쉽게 연상이 된다.

5~6월의 봄, 9~10월의 가을이 걷기가 좋은 계절이라고 판단할 수 있다. 그런데 더운 여름에 가장 순례자들이 많이 찾는다. 그 이유는 휴가기간과 겹치기 때문이다. 겨울에는 비와 눈이 오기 때문에 걷기가 힘들지만 순례자가 적기 때문에 서로 이야기를 많이 나누면서 친구가 될 가능성이 높기도 하다.

약 800km를 걷는 데, 얼마나 시간이 걸릴까요?

산티아고 순례길의 프랑스 길은 약 800km로 하루에 25km를 걷는다면 약 32일 정도 소요된다. 그런데 개인마다 체력이 차이가 나고, 발에 물집이 잡히면 걷기가 힘들어진다. 또한 날씨가 비나 눈이 와서 걷는 거리가 짧아지면 더 오랜 기간이 소요된다.

순례길을 걸으면서 만나는 도시들이 아름다워 더 보고 싶다면 추가로 시간이 필요하다. 그러므로 개인이 걸을 수 있는 기간과 체력을 고려하여 산티아고 순례길을 걷는 기간을 결정해야 한다. 무작정 남들이 만들어놓은 계획으로 걷는다면 문제가 발생할 수 있다.

산티아고 순례길을 걸으면서 길을 잃어버리거나 위험할까요?

산티아고 순례길은 평지부터 오르막길, 차량도로 옆, 숲길 등 여러 가지 형태의 길을 걷게 된다. 그런데 걸을 때 혼동되는 구간은 노란색 화살표나 인도에 마크를 표시하여 길을 잃을 가능성을 덜어주고 있다. 그래서 길을 걷다보면 나무나 집의 담장, 전신주, 도로 바닥 등에 노란색 화살표가 표시되어 있고 각 지방의 도시들은 큰 도시에 카미노 표지판을 설치해 놓았다.

오랜 시간 동안 많은 순례자들이 걷고 문제점이 있다면 개선을 해 놓았기 때문에 걱정을 할 필요가 없다. 로그로뇨, 부르고스와 레온 같은 대도시들은 노란색 화살표를 칠하기 힘들기 때문에 바닥에 조개모양으로 표시해 놓은 경우가 많다. 가끔 대도시에는 공사로 인해 순례길 표시를 찾는 것이 힘들 수도 있다.

산티아고 순례길에서 듣는 용어가 따로 있나요?

산티아고 순례길을 걷는 사람들을 '순례자'라고 부른다. 배낭에 조개껍데기와 지팡이를 보면 순례자인지 쉽게 알 수 있다. 길을 걸으면서 듣는 용어에 대해 알고 갈 필요가 있다.

크레덴시알(Credensial)
순례자 여권을 부르는 용어로 산티아고 순례길을 시작하는 사람들은 생장 피드포트의 순례자 사무소나 알베르게에서 순례자 여권을 구입할 수 있다. 순례자 여권에 알베르게나 바(Bar)에서 도장을 찍어서 산티아고 데 콤포스텔라에 있는 순례자 사무소에서 완주증을 받을 때 제시해야 한다.

부엔카미노(buen camino)
"좋은 길"이라는 뜻의 카미노 길 위에서 가장 많이 듣게 되는 용어이다.

하코 트랜스(Jacotrans/짐 이동 서비스)
최근에 많은 순례자가 무거운 짐을 다음 알베르게까지 이동시키고 순례자는 가벼운 짐을 들고 이동하는 경우가 늘어났다. 하코 트랜드 봉투에 목적지, 알베르게 이름, 자신의 이름, 연락처를 적어서 봉투 내부에 요금(5~7€)를 넣어서 배낭에 붙여두면 알베르게에서 출근을 한 업체 직원이 이동시키게 된다. 비가 올 때 서비스를 이용하면 편리하다.

짐을 매고 오르막길이 급한, 이동하기에 힘든 구간에서만 사용하기도 한다. 생장피드포트에서 론세스바예스, 팜플로나에서 푸엔테 라 레이나, 아스트로가에서 폰세바돈, 폰세바돈에서 폰페라다. 비야프랑카 델 비에르소에서 오 세브로이로 구간에서 자주 사용한다.

순례자들은 어디에서 머무나요?

순례자를 위한 숙소를 '알베르게Albergue'라고 부른다. 프랑스 길의 약 800km에 알베르게가 있어서 저렴하게 순례자들을 위해 제공되고 있다. 알베르게는 공립과 사립으로 나뉘는데 공립이 보통 5€에 시트비 1€로 6€로 사용이 가능하고 사립은 10~22€(시트비 1€가 포함된 곳도 가끔 있음)에 시트비 1~2€로 책정된다.

알베르게는 시설마다 달라서 한 방에 4인실부터 20인실까지 다양하다. 보통 2층 침대로 구성되어 있지만 가끔은 1층 침대만으로 만들어져 있는 경우도 있다. 남녀의 구분이 없이 배정이 되고, 화장실과 샤워 시설은 남녀 공용인 곳도 남녀 구분된 곳도 있다.

알베르게는 밤 10시면 문을 닫고 아침 8시에 비워줘야 한다. 또한 1일만 머물러야 하지만 사립 알베르게는 규제가 덜 엄격하다.

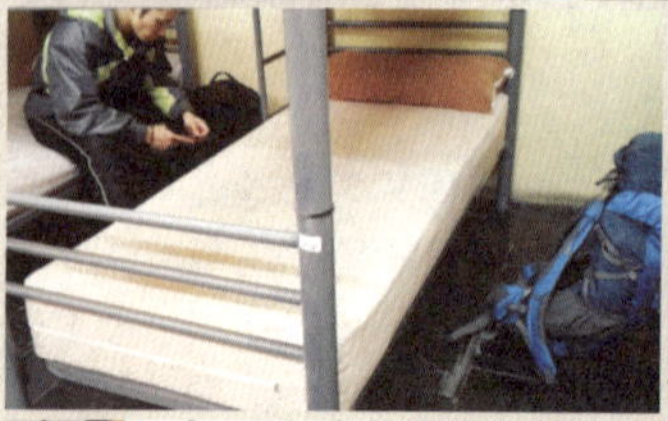

산티아고 순례길을 City & Town

 ## 알베르게Albergue에서는 누구나 취침이 가능한가요?

알베르게Albergue는 순례자를 위한 숙소이기 때문에 순례자만 숙박이 가능하다. 순례자라는 사실은 순례자 여권인 크레덴시알Credencial이 있으면 해당 알베르게Albergue에서 도장을 찍어 일정 개수 이상을 확인하고 완주증을 받을 수 있기 때문에 따로 순례자인지 확인을 하지는 않는다.

크레덴시알Credencial은 자신이 출발한 곳에 있는 순례자협회에서 발급을 하기 때문에 발급받는 장소마다 조금씩 디자인이 다르다. 알베르게Albergue에서 여권과 크레덴시알Credencial을 보여주면 여권 번호를 적고, 크레덴시알Credencial에 도장을 찍고 나면 침대 번호를 알려주어 배정을 해준다.

크레덴시알Credencial에 순례자가 걷는 도시나 마을의 알베르게Albergue에서 받은 도장은 산티아고 데 콤포스텔라Santigo de Compostela까지 최소 110㎞를 걸은 순례자는 완주증을 받을 수 있다.

 Tip

산티아고 순례길 중간 지점 증명서

많은 대한민국의 순례자들이 중간 지점의 증명서를 3€를 증명서 비용으로 내고 받을 수 있다. 생장 피드포트에서 걷기 시작해 산티아고 데 콤포스텔라까지 중간 지점으로 의미가 있는 곳이 사아군(Sahagun)이다. 중간 지점까지 걸었다는 증명서는 산티아고 순례길을 절반을 걸었다는 사실을 축하하는 의미로 받는다.

사아군 도서관(Sahagun Library)에서 산티아고 순례길 중간 지점을 지났다는 증명서를 제공한다. 사아군 도서관의 1층으로 들어가면 오른쪽에 입구가 있다. 따로 증명서를 제공한다는 표지판은 없지만 입구로 들어가면 도서관에서 어디로 가야하는지 설명을 해주기 때문에 받는 데 어려움은 없다. 순례길을 나누어서 걷는 순례자들은 중간 지점에서 받는 완주 증명서도 희열을 느낄 수 있다.

산티아고 순례길을 걷는 이유는 무엇일까요?

산티아고 순례길은 이제 전 세계에서 찾는 길의 대명사가 되었다. 2022년 코로나 바이러스가 전 세계를 휩쓰는 상황에서 1년 동안 닫혔지만 2021년 다시 산티아고 순례길을 열었다. 이 길을 걷기 위해 매년 다양한 사람들이 찾아온다. 아무 이해관계도 없이 걸으면서 서로 도와주고 대화를 통해 자신을 찾아갈 수 있는 장소이다.

길을 걸을 때는 자신의 체력에 따라 걷는 거리가 다르지만 일정 기간이 지나면 같이 걷는 사람들이 정해지면서 이들과 더욱 많은 대화를 통해 전 세계의 세상에 대해 알 수 있고 삶을 찾아가는 원동력을 배울 수 있다.

왜 산티아고 순례길을 걷는가?

성 야곱이 잠들어 있는 가톨릭 3대 성지 산티아고 데 콤포스텔라

스페인의 북서부인 갈리시아 지방에 있는 도시 산티아고 데 콤포스텔라^{Santiago de Compostela}는 예루살렘, 로마 바티칸과 함께 가톨릭 3대 성지에 속한다. 예수를 따르는 12명의 제자 가운데 한명인 성 야곱은 포교활동을 한 뒤에 예루살렘에 돌아가는 길에서 순교하였다. 제자들은 그의 유해를 배에 싣고 스페인으로 옮겨 매장했지만 이슬람교도가 스페인을 침입하여 기독교를 박해하면서 성 야곱의 무덤이 어디에 있는지 알 수가 없었다.

산티아고 순례길을 City & Town

양치기에 의해 순례길이 만들어지고 잊혀졌다.

9세기 초, 한 양치기가 별에 인도되어 성 야곱의 무덤을 발견하고 그 자리에 조그만 성당을 지었다. 후에 성 야곱의 무덤이 산티아고에서 발견되었다는 소문이 유럽전역에 퍼지면서 많은 순례자들이 산티아고를 방문하게 되었다. 11세기에 많은 순례자들에 의해 순례길이 정비되면서 성당과 수도원에는 숙소들이 들어섰다. 그러다가 중세가 지나면서 산티아고 순례길은 잊혀져갔다.

프랑코정권이 찾아내다.

이 잊혀진 순례길은 스페인의 독재자 프랑코장군이 정치적인 이유로 정권을 합리화하는 과정에서 찾아내면서 대중에게 알려지기 시작했다. 프랑코장군이 죽고 정권이 붕괴되었지만 산티아고 순례길은 오히려 더 활성화되었다.

현재에도 꾸준히 걷는 순례길

스페인은 가톨릭 국가이다. 그런 스페인도 설문에 의하면 가톨릭 신자가 20%에도 못 미친다는 설문 결과가 나오기도 했다. 하지만 아이러니하게도 산티아고 순례길을 찾는 순례자들의 숫자는 기하급수적으로 늘었고 가장 많이 걷던 때는 50만 명이 순례길을 찾았다. 매해 약 40만 명 정도의 전 세계인들이 순례길을 걷기 위해 찾고 있다.

지금도 많은 순례자들이 방문하는 이유는 뭘까?
종교적인 경험을 얻고자하는 이유가 전부일까?

단순한 그 이유만으로는 설명할 수 없다.

나는 왜 걷는가?

현재의 산티아고는 관광지이자 순례지로 유명하다. 순례길은 상업화의 영향을 덜 받는다. 오랜 시간 잠들어 있던 산티아고 순례길은 지금이 시작일 뿐이다. 나는 가톨릭 신자가 아니지만 순례길에서 걸을 때마다 긍정적인 기운을 받아 감동한다. 특히 코로나 바이러스로 2020년에 닫혔던 산
티아고 순례길이 2021년 다시 열리면서 정말로 걷고 싶었던 순례자들이 2021년 여름 이후부터 걷고 있고 그들은 서로 순례자가 되어 코로나 바이러스로 인한 아픔을 서로 치료하고 도움을 받으면서 걷고 있다.

성 야곱의 영혼이 살아 숨 쉬면서 순례길을 걷는 순례자들에 한명, 한명에게 인생의 새롭고 긍정적인 미래를 만들 수 있는 힘을 전해주고 있다. 이 길을 걸은 후에 당신의 미래는 과거에 경험한 인생과 다르게 될 것이다.

산티아고 순례길의 덤은 옛 순례자들의 발자취를 더듬어 가면서 스페인의 또 다른 매력에 빠지게 된다는 점이다.

순례자의 시간

산티아고 순례길에서 나는 순례자의 시간으로 들어간다. 여행자에서 순례자로 바뀐 나, 중세의 다리가 보이고 이제는 단순한 길에서 순례의 시간이 시작되었다. 명망 높은 신자들이 걸었고 파울로 코엘로는 이곳에서 새로운 인기작가로 거듭난 산티아고 순례길, 이 길은 나에게 인생을 바꾼 대 변혁이었다.

산티아고 순례길은 어떤 이에게는 삶의 터전인 곳일 것이다. 이곳에서 사람들은 순례자로 옷을 갈아입고 각자의 인생에서 힘든 순간을, 즐거웠던 시간을, 서로 대화를 나누면서 자신을 찾는 기회를 얻는다. 이 기회는 자신들이 선택했다. 그러므로 기회를 잡아야 한다. 머뭇거린다면 기회는 없어지고 단순히 걸어간 길이 되어버릴 것이다. 나 또한 그랬다. 6번의 산티아고 순례길을 걸었지만 단순히 좋은 길 정도로만 느껴졌다. 사업을 실패하고 걸었을 때에 힘들게 걷고 난 후 나에게 오는 꿀 같은 잠이 보약이 된 정도가 나에게 그나마 축복이었다.

7번째의 산티아고 순례길에서 나는 행운의 '7'이란 숫자가 나에게 행운이 다가올지 궁금했다. 산티아고 순례길은 2020년 코로나 바이러스가 전 세계로 확산하면서 닫혔다가 2021년 백신의 보급으로 다시 열렸다. 각국에서 백신을 맞고 떠나온 순례자들이 정말 간절한 마음을 가지고 이곳에 모였다.

다들 처음에는 몰랐을 것이다. 그런데 하루를 걷고 이야기하고, 점차 마음을 열고 대화를 나눈다. 점점 서로에게 빠져 대화를 나누면서 이 길이 걸어가는 길이 아닌 순례길로 바뀌고 있었다. 그렇게 걸었던 순례길은 우리의 순례길로 바뀌어 추억을 공유하고 각자의 기억으로 남아 지금도 서로 그때를 이야기한다.

산티아고로 가는 길에서 산티아고 순례길로 바뀌어 느낀 감동을 나는 마드리드로 돌아오는 기차에서 알 수 있었다. 그들을 생각하면서 나는 눈물을 흘렸다. 더 같이 있지 못하는 시간이 안타깝다.

Camino de Santiago

산티아고 순례길을 위한
Teaching

산티아고 순례길 준비 밑그림 그리기

먼저 산티아고 순례길을 준비하는 밑그림을 그려보자. 산티아고 순례길에 대해 알고 있는 것을 적고나서 준비를 어떻게 할지 생각해보자. 밑의 표는 산티아고 순례길 준비에 대한 생각의 밑그림을 그리도록 정리한 것이다.

일단 갈 수 있는 일정을 정하자. 처음 산티아고 순례길을 떠나려면 복잡하기만 하고 머리만 아플 수 있다. 욕심을 버리고 준비하는 게 좋다. 산티아고 순례여행은 가는 것도 중요하지만 같이 가는 여행의 일원과 같이 순례길에서 평생 잊지 못할 깨달음과 추억을 만드는 것이 여행의 포인트이다.

다음을 보고 전체적인 여행의 밑그림을 그려보자.

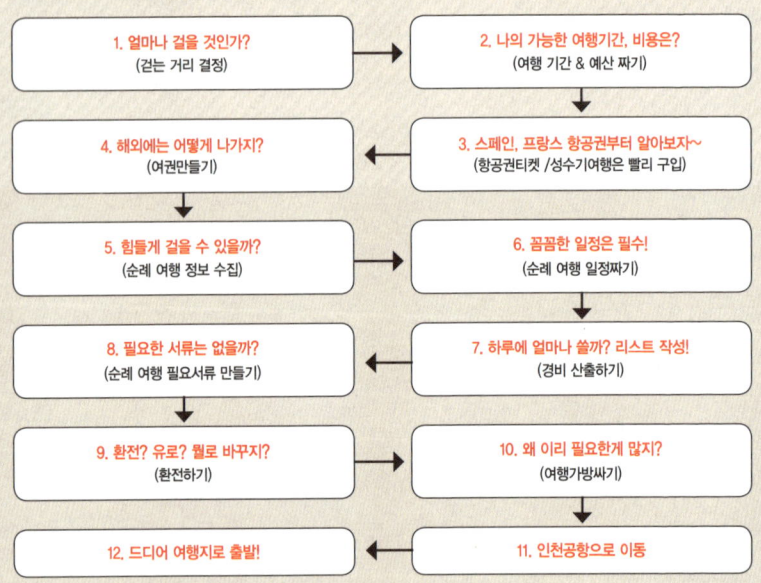

1. 얼마나 걸을 것인가? (걷는 거리 결정)
2. 나의 가능한 여행기간, 비용은? (여행 기간 & 예산 짜기)
4. 해외에는 어떻게 나가지? (여권만들기)
3. 스페인, 프랑스 항공권부터 알아보자~ (항공권티켓 /성수기여행은 빨리 구입)
5. 힘들게 걸을 수 있을까? (순례 여행 정보 수집)
6. 꼼꼼한 일정은 필수! (순례 여행 일정짜기)
8. 필요한 서류는 없을까? (순례 여행 필요서류 만들기)
7. 하루에 얼마나 쓸까? 리스트 작성! (경비 산출하기)
9. 환전? 유로? 뭘로 바꾸지? (환전하기)
10. 왜 이리 필요한게 많지? (여행가방싸기)
12. 드디어 여행지로 출발!
11. 인천공항으로 이동

산티아고 순례길을 City & Town

산티아고 순례길 여행 계획 짜기

산티아고 순례길 여행에 대한 정보가 많을 것 같지만 부족하다는 것이 내가 내린 결론이다. 특히나 프랑스길은 산티아고 순례길에서 가장 유명한 코스이지만 어떻게 여행계획을 세울까? 라는 걱정은 누구나 가지고 있다. 하지만 산티아고 순례길 여행도 역시 스페인을 여행하는 것과 동일하게 도시를 중심으로 여행을 한다고 생각하면 여행계획을 세우는 데에 큰 문제는 없을 것이다.

1 먼저 지도를 보면서 입국하는 도시와 출국하는 도시를 항공권과 같이 연계하여 결정해야 한다. 프랑스, 파리로 입국한다면 기차를 통해 바욘을 거쳐 생장 피드포트로 이동해야 한다. 이곳에서 33일 정도를 걸어 산티아고 데 콤포스텔라에 도착한다.

2 이곳에서 마드리드로 이동해 출국하는 경우도 있지만 스페인의 끝자락에 있는 0km지점인 피니스테라로 이동하여 마지막을 함께 즐기는 경우도 있다. 피니스테라에는 마드리드로 이동하는 버스가 없어서 다시 산티아고 데 콤포스텔라로 돌아와 마드리드로 기차나 버스를 이용해야 한다.

3 스페인 마드리드로 여행을 계획하고 있다면 수도인 마드리드에서 출발해 스페인 북부의 팜플로나(3일차)로 이동하거나 단기 코스인 사리아^{Sarria}(5일 코스)로 이동해 마지막 지점인 산티아고 데 콤포스텔라에 도착해 다시 마드리드로 이동한다.

바르셀로나 여행을 하려고 해도 산티아고 데 콤포스텔라에서 바르셀로나로 직접 이동하는 버스나 기차는 없다. 하지만 비행기를 이용한다면 바르셀로나로 직접 이동이 가능하여 최근에는 항공을 이용하는 경우가 상당히 많다. 대한항공은 마드리드로, 아시아나 항공은 바르셀로나로 직항을 운항하고 있으니 참고하면 좋다.

항공사 선택

대한항공은 마드리드로, 아시아나 항공은 바르셀로나로 직항을 운항하고 있어서 직항으로 가려면 같은 항공사를 선택할 수 없다. 경유하는 항공사를 선택한다면 마드리드로 IN하고 바르셀로나로 OUT하거나 반대로 바르셀로나로 IN, 마드리드로 OUT하는 항공을 선택할 수 있다.

36일 코스 프랑스 파리 IN ➡ 생장피드포트 ➡ 산티아고 데 콤포스텔라 ➡ 스페인 마드리드 OUT

프랑스 파리 → 기차로 바욘 거쳐 생장피드포트 이동 → 산티아고 순례길 프랑스길 걷기 → 산티아고 데 콤포스텔라 도착 → 마드리드

파리 (파리 길)
산티아고 데 콤포스텔라
생장피드포트 (프랑스 길)
바르셀로나
마드리드

38일 코스 프랑스 파리 IN ➡ 생장피드포트 ➡ 산티아고 데 콤포스텔라 ➡ 피니스테라 ➡ 스페인 마드리드 OUT

프랑스 파리 → 기차로 바욘 거쳐 생장피드포트 이동 → 산티아고 순례길 프랑스길 걷기 → 산티아고 데 콤포스텔라 → 피니스테라 도착 → 다시 산티아고 데 콤포스텔라로 이동 → 마드리드

파리 (파리 길)
산티아고 데 콤포스텔라
피니스테라
생장피드포트 (프랑스 길)
바르셀로나
마드리드

산티아고 순례길을 City & Town

40일 코스
프랑스 파리 IN ➡ 생장피드포트 ➡ 산티아고 데 콤포스텔라 ➡ 피니스테라 ➡ 스페인 바르셀로나 OUT(항공 이용)

프랑스 파리 → 기차로 바욘 거쳐 생장피드포트 이동 → 산티아고 순례길 프랑스길 걷기 → 산티아고 데 콤포스텔라 → 피니스테라 도착 → 다시 산티아고 데 콤포스텔라로 이동 → 바르셀로나

34일 코스
마드리드 & 30일 팜플로나에서 산티아고 순례길 출발하기

마드리드 → 기차로 팜플로나 이동 → 시내 중심의 팜플로나 알베르게에서 순례자 여권과 1일 숙박 후 출발 → 산티아고 데 콤포스텔라 도착 → 마드리드

산티아고 순례길 부분 걷기 코스

산티아고 순례길 300㎞, 200㎞, 110㎞ 걷기 계획하는 방법

산티아고 순례길의 프랑스 길은 약 800㎞이다. 한 달이 넘는 기간 동안 걷기 위해 일정을 비우는 것은 쉬운 일이 아니다. 그래서 전체 순례길을 다 걷지 않고 나누어서 걷거나 마지막 순례길 부분을 걷는 순례자들도 있다.

산티아고 순례길을 나누어 걷는 순례자들은 대부분은 걷기 기간이 짧아지기 때문에 레온Leon을 기점으로 자신이 걷는 지점을 결정한다. 13일 레온 출발일지, 9일 폰 페라다 출발일지, 5일 사리아 출발일지를 결정해야 한다. 프랑스 길의 일부분을 걷기는 순례자들은 220㎞, 110㎞를 폰 페라다Ponferrada와 사리아Sarria에서 걷기 시작하지만 일부 순례자들은 레온Leon 300㎞부터 걷는 경우도 있다.

1 걷는 기간을 빼고 최소한 4일의 시간이 필요하다. 마드리드로 입국해 이동하는 시간까지 2일이 필요하며, 산티아고 순례길을 걷고 나서 마드리드로 돌아와 다음날 출국한다고 해도 최소 2일이 필요하다. 그러므로 걷는 기간을 최소 4일, 보통은 6일 정도는 여유롭게 즐길 시간으로 필요하다고 생각하고 여행 일정을 계획해야 만약의 상황에 대비하기가 쉬울 것이다.

2 마드리드로 입국하면 숙소는 차마르틴 근처의 숙소를 구해 쉬고 다음날 차마르틴 역으로 이동해 기차표를 구입해 이동하면 된다. 차마르틴 역에서 12시 정도에 출발하므로 아침에 역으로 이동해 기차표를 미리 구입하고 숙소에서 체크아웃 시간은 기차 출발 30분 전에 이동해 대기하다가 출발하는 플랫폼이 결정되면 이동하면 될 것이다.

 Tip

주의!!

마드리드에서 기차로 레온(Leon), 폰 페라다(Ponferrada)와 사리아(Sarria)로 이동하려면 마드리드의 차마르틴 기차역에서 기차표를 구입하면 된다. 조심해야 할 것은 팜플로나는 마드리드의 아토차 역에서 구입해야 하지만 나머지 레온(Leon), 폰 페라다(Ponferrada)와 사리아(Sarria)는 같은 기차선로로 이동하기 때문에 레온에서 내리고, 이어서 폰 페라다, 마지막에 사리아 역에서 내리는 완행 기차라고 생각하면 된다.

3 산티아고 데 콤포스텔라에서 다시 마드리드로 오기 위해서는 버스와 기차로 이동하는 경우가 많지만 시간이 부족하면 비행기로 이동하는 방법도 있다. 비행기나 기차는 사전에 티켓을 구입하면 편리하지만 산티아고 순례길을 걷는 일정이 변동이 있을 것 같다면 예약을 할 수 없다. 그러므로 자신의 체력 상태를 고려해 일정을 계획해야 한다.

17일 코스   마드리드 & 13일 산티아고 순례길(완주증 받기)

마드리드(1일) – 기차로 레온 이동(1일) – 레온 – 아스토르가 – 폰 페라다 – 사리아 – 팔라스 데 레이 – 멜리데 – 산티아고 데 콤포스텔라(13일) – 마드리드 이동(1일) – 마드리드 OUT(1일)

13일 코스   마드리드 & 9일 산티아고 순례길(완주증 받기)

마드리드(1일) – 기차로 폰 페라다 이동(1일) 폰 페라다 – 오 세브레이로 – 사리아 – 팔라스 데 레이 – 멜리데 – 산티아고 데 콤포스텔라(9일) – 마드리드 이동(1일) – 마드리드 OUT(1일)

9일 코스   마드리드 & 5일 산티아고 순례길(완주증 받기)

마드리드(1일) – 기차로 사리아 이동(1일) – 사리아 – 포르투마린 – 팔라스 데 레이 – 멜리데 – 아르수아 – 산티아고 데 콤포스텔라(5일) – 마드리드 이동(1일) – 마드리드 OUT(1일)

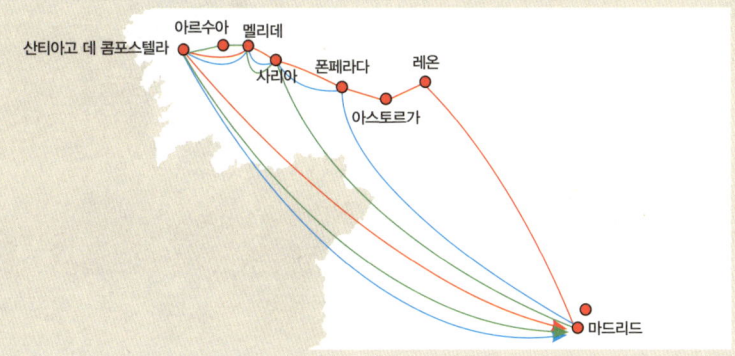

여행 계획 세우는 방법

1 산티아고 순례길을 어디서 출발할 것인지 결정하면 입국 도시가 확정되고 여행기간을 결정할 수 있다. 그리고 나서 순례길을 걷고 나서 스페인 여행을 할 것인지 결정하면 된다. 스페인 여행을 한다면 중점적으로 둘러보고 싶은 도시는 어디인지 확인해야 한다.

마드리드와 바르셀로나를 각각 2~3일로 여행하므로 나머지 기간을 확인하여 이동하는 도시를 결정해야 한다. 스페인의 안달루시아 지방의 도시를 얼마나 여행하는지에 따라 여행기간이 길어지거나 짧아질 수 있다.

2 스페인의 대표적인 대도시인 마드리드와 바르셀로나를 중점적으로 여행하고 마드리드에서 근교인 톨레도와 세고비아를 여행하고 바르셀로나에서 근교의 몬세라트, 시체스, 헤로나 등의 도시를 여행하는 경우도 많다.

3 7~14일 정도의 기간이 스페인을 여행하는데 가장 기본적인 여행기간이다. 그래야 중요 도시들을 보며 여행할 수 있다. 물론 2주 이상의 기간이라면 스페인의 북부나 안달루시아 지방의 다른 도시까지 볼 수 있지만 개인적인 여행기간이 있기 때문에 각자의 여행시간을 고려해 결정하면 된다.

산티아고 순례길로 이동하는 방법

파리에서 생장피드포트로 이동하는 방법

▶ TGV 8537 파리 몽파르나스 역 출발

	출발	도착	열차편도
파리 (몽빠르나스역) 에서 바욘까지	06:29	13:29	TGV / TER
	08:29	13:56	iTGV, TGV
	10:29	14:33	TGV
	12:29	18:30	TGV
	14:29	19:42	TGV / TER
	17:29	22:40	TGV PREM'S
	19:29	00:40	TGV
	22:12	08:41	
		직행	LUNEA
	22:53	10:39	LUNEA

※ LUNEA는 파리의 오스텔리츠역에서 출발하니 조심할 것!
※ 파리 → 바욘(Bayonne) → 생장 피에드 포트(St Jean Pied Port) ※ 바욘에서 갈아타야하니 주의!

▶ 바욘(Bayonne) 도착후 기차 환승
▶ 바욘(Bayonne) 출발
▶ 생장 피드포트 도착후 휴식
▶ 테르(TER)를 타고 약 1시간 20분 정도 소요

	출발시간	요일
바욘에서 생 장 피에드 포트 (St Jean Pied Port) 까지	07:45	월
	08:24	매일
	11:24	매일
	12:00	월~토
	14:37	매일
	15:06	매일
	18:13	월~토
	19:58	매일
	21:06	금, 일, 휴일

산티아고 순례길을 City & Town

마드리드에서 팜플로나로 이동하는 방법

프랑스 길의 3일 차에 도착하는 팜플로나는 스페인 내에서만 산티아고 순례길을 걷고자 하는 순례자들이 자주 이용한다. 팜플로나는 큰 도시이므로 마드리드에서 하루에 5번 이동하는 열차가 있다. 시간은 계절에 따라 조금씩 달라지므로 사전에 확인해야 한다.

 Tip

렌페
스페인은 렌페(http://www.renfe.es)라고 하는 기차 예약서비스가 있다. 렌페 어플이나 인터넷으로 직접 예약할 수 있다. 우리나라의 코레일과 비슷한 서비스이지만 대한민국처럼 빠른 인터넷 사용이 잘 안되니 조바심을 내면 안 된다.

마드리드에서 레온Leon, 폰페라다Ponferrada, 사리아Sarria로 이동하는 방법

산티아고 순례길 300km, 220km, 110km 갈 때는 스페인 마드리드 북쪽에 있는 차마르틴 역, 12시 20분에 출발하는 기차를 타면 레온Leon을 거쳐 폰페라다Ponferrada, 사리아Sarria로 이동한다. 마드리드Madrid에서 갈 때는 기차가 점심 12시 정도에 출발하여 레온Leon을 거쳐 폰페라다Ponferrada, 사리아Sarria에 저녁에 도착한다. 알베르게에서 준비를 하고 다음날부터 출발하는 것이 좋다.
야간버스는 피곤이 누적되어 걸을 때 힘들 수 있다.

마드리드 차마르틴역	출발	도착
	주간 12시 21분	레온 16시 20분, 폰페라다 17시 35분, 사리아 18시 32분

버스도 있지만 기차를 추천한다. 버스는 오전부터 야간 버스까지 있다. 루고Lugo에서 내려 다시 사리아Sarria까지 갈아타고 가야 한다. 마드리드 남부터미널에서 루고까지 7시간 정도가 소요되며 루고에서 사리아까지는 넉넉히 1시간도 잡으면 된다. (Alsa버스)

마드리드 남부터미널	출발 → 도착	루고 (Lugo)	출발 → 도착	사리아 (Sarria)
	오전 10시(7시간 소요)		30분~1시간 소요	

무엇을 준비해야 할까요?

우리가 등산을 갈 때, 무엇을 준비할지 생각하면 쉽게 답이 나온다. 계절에 따라 입는 옷이 달라질 수 있지만 대부분의 준비물은 비슷하다. 너무 심각하게 고민할 필요는 없다. 순례길을 걷는 방식은 사람마다 다르기 때문에 준비물 또한 사람마다 다를 수 있다. 아래는 최소한의 준비물에 대한 설명이다.

1. 등산화
걸을 때 가장 중요한 준비물이 등산화이다. 구입하는 기준은 무게가 중요하다. 등산화의 무게가 무겁다면 반드시 발에 무리가 오게 된다. 여름에는 운동화를 신고 걷는 순례자들도 있지만 겨울에는 특히 산티아고 순례길인 갈리시아 지방에는 비가 자주 오기 때문에 방수가 되는 등산화를 신고 걸어야 한다. 여름에도 통풍이 되는 등산화가 좋다. 가끔 중등산화냐 경등산화냐를 질문하지만 무겁지만 않다면 상관없다.

2. 배낭
배낭은 45ℓ를 가장 많이 사용한다. 그런데 여기에 침낭을 비롯해 물품을 준비하면 무겁다는 사실을 알게 된다. 배낭이 무거우면 걷는 순례자 자신만 고생을 한다. 미리 구입을 하고 자신에게 맞는지 직접 매고 확인을 하고 산에 직접 짊어 매고 걸어보는 것이 좋다.

 Tip

> 저자는 겨울이 아니라면 23ℓ 배낭을 선호한다. 최소한의 짐만 들고 걷는 것이다. 무릎에 무리가 간다고 등산용 스틱을 가지고 가려고 하지 말고 배낭의 짐을 줄이는 것이 무릎에 무리가 가지 않게 만드는 방법이다.

3. 등산용 스틱(지팡이)
예전에는 지팡이를 많이 가지고 걸었지만 요즈음은 등산용 스틱의 사용빈도가 많이 늘었다. 스틱을 사용하면 편하지만 식사를 하다가 아침에 일찍 출발하다가 알베르게나 레스토랑에 두

산티아고 순례길을 City & Town

고 오는 경우가 많다. 저자는 배낭의 무게를 줄이는 데, 신경을 쓰지 등산용 스틱을 가지고 가려고 하지는 않는다. 반드시 가지고 가야하는 품목은 아니다.

4. 침낭
계절에 상관없이 반드시 필요한 준비물이다. 침낭도 여름에는 천으로만 만들어진 침낭이 필요하다. 베드버그(빈대) 때문이다. 베드버그에 물리면 상당히 고생을 한다. 여름을 제외하면 가벼운 오리털 침낭을 가지고 걸으면 도움을 받는다. 난방이 안 되는 알베르게가 많아서 체온유지에 침낭은 효율적이다.

5. 판초 우비
여름에는 필요하지만 겨울에는 우비보다 방수가 되는 외투가 더 효과적이다. 우비를 가지고 가도 외투에 끼어 입는 것이 쉽지 않고 비가 오다, 안 오다를 반복하기 때문에 겨울보다 여름에 필요하다.

6. 점퍼
여름에는 어떤 외투나 상관없다. 보통은 반팔을 입고 다니다가 비가 올 때나 추울 때 입기 때문에 무게가 덜 나가고 방한기능이 있는 점퍼가 좋고 겨울에는 방한대책으로 따뜻하지만 가벼운 점퍼가 좋다. 그렇다고 캐나다구스를 입고 갈 필요는 없다.

7. 상, 하의, 속옷
개인적으로 상, 하의 옷은 3벌 정도가 좋다. 여름에는 땀이 나서 세탁을 해야 하고 겨울에는 비가 와서 세탁을 해야 하는 경우가 많다. 속옷도 상하의와 같은 숫자로 준비하면 된다.

8. 양말
4켤레는 가지고 있자. 반드시 등산양말을 신고 가야 한다. 등산양말도 두꺼운 것이 좋다. 등산양말은 물집이 잡히지 않도록 마찰을 줄여주기 때문에 두꺼운 양말이 효과가 좋다. 비가 오면 갈아 신는 것까지 생각하고 준비해야 한다. 무게도 많이 나가지 않아 고민이 할 필요가 없다.

9. 의약품
감기약, 소화제, 항히스타민제(베드버드 대비용)가 필요하다. 풋크림이나 바세린까지 가지고 가면 더욱 좋다.

10. 세면도구
여행용세면도구를 2개 정도를 가지고 가면 된다. 세면도구는 알베르게에 두고 오는 경우도 많아 2개 정도를 준비해 가면 효과적이다.

11. 수건
3개 정도를 준비하고 여름에는 손수건을 가지고 가서 열기를 식힐 때 사용하면 효과적이다.

12. 선크림
스페인은 햇빛이 강해 자주 발라줘야 한다. 간단하게 바를 수 있는 선 스틱도 유용하게 사용할 수 있다.

13. 스마트폰
많은 순례자들이 스마트폰으로 사진을 찍고 메모를 하는데 많이 사용한다. 입국을 하면 공항에서 데이터를 구입하여 이용하면 효과적이다. 사설 알베르게는 와이파이 사용이 대부분 가능하지만 공립 알베르게는 와이파이 이용이 안 되는 곳도 많다.

걸을 때 가장 문제가 되는 몸의 이상은 무엇일까요?

계절에 상관없이 감기에 걸릴 때를 대비해 감기약 정도는 준비해야 한다. 그런데 걸으면서 가장 문제가 되는 것은 발에 물집이 잡히는 것이다. 피부마찰을 줄이는 방법과 물집이 잡혔을 때 대처법(바세린, 풋 크림)이 필요하다. 산티아고 가는 길에서는 오랜 시간을 걷기 때문에 물집이 잡히는 것은 피할 수 없을 수도 있다. 하지만 잘 모르고 걷다가, 처음에 무리를 해서 물집이 너무 일찍 잡혀서 걷기를 중단하는 경우도 봤다.

바세린이나 풋 크림은 전날에 바르고 양말을 신고자면 아침에 코팅 막 같은 것이 형성되어 오래 걸을 때 물집이 잘 잡히지 않는다. 저자가 여러 방법을 사용해 봤지만 이것만큼 좋은 방법은 없었다. 오랜 시간을 걸으면 물집이 잡히기 쉽다. 물집이 잡히면 걷는 자세가 흐트러져서 걷는 것이 더 힘들어 지고, 신경도 많이 쓰여서 심지어 걷는 것을 포기하기도 한다.

발에 물집이 잡혔다면 어떻게 치료를 해야 할까요?

물집이 잡혔을 때, 그냥 두는 거보다 터뜨리는 것이 좋다고 알고 있는 분들이 많다. 심하지 않고 터뜨리기 힘든 초기에는 그냥 놔두어야 한다. 쓸데없이 터뜨리다가 더 심해지는 경우가 많다. 일단 반창고로 최대한 양말과의 마찰이 없도록 해주어야 한다. 발이 아프지만 참을 수밖에 없다.

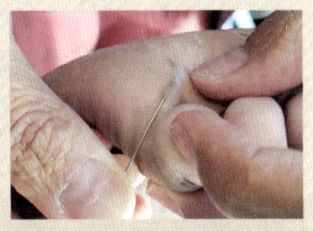

일단 물집이 잡혔을 때 최선의 방법은 바늘에 실을 꿰어서 바늘은 물집을 통과시키고 실은 물집속 안에 그대로 두는 것이 좋다. 바늘을 라이터로 소독하고 실은 살짝만 소독한 뒤 사용한다.

이때 바늘로 가장 약한 부위의 살을 찌르고 물집의 물이 나오면 다시 그 부분에 실을 다시 넣으면서 나오는 실은 일정부분 잘라서 놔두면 취침을 하는 밤에 실을 따라 물이 흘러나와서 2일 정도 후면 물이 빠지면서 살이 붙게 된다. 다음날에도 아프지만 걷다보면 통증이 덜해질 것이다. 물이 다나왔다면 실을 당겨서 빼면 물집이 낫게 된다.

식사는 어떻게 하나요?

산티아고 순례길은 스페인 북부지방을 걸어서 여행을 하는 것과 같다. 스페인 사람들이 어떻게 식사를 하는지 알면 도움이 된다. 아침에 6~7시 사이에 일어나서 세수를 하고 출발준비를 하고 나서 알베르게나 바Bar에서 에스프레소나 우유를 넣은 커피인 카페 콘 레체Cafe con leche를 주문하고 나서 생 오렌지 주스, 크로아상이나 달걀과 감자로 만든 오믈렛인 토르티야Tortilla를 주로 먹는다. 전 날 슈퍼에서 구입한 재료로 직접 샌드위치를 만들어 먹기도 한다.

점심은 시간에 맞춰 레스토랑이나 바Bar가 있다면 먹게 되지만 없으면 먹지 않고 계속 걸어갈 때도 많다. 산티아고 순례길에서는 12시 30분 이후부터 점심식사가 가능하기 때문에 식사시간을 맞춰서 주문을 해야 한다. 커피나 맥주에 샌드위치 빵의 가운데를 잘라 그 안에 하몽이나 고기, 초리소 등을 넣어 만드는 보카디요Bocadillo를 먹기도 한다. 점심 식사를 거르고 머물고자 하는 알베르게에 도착하여 레스토랑에서 정식 점심식사를 하는 경우도 상당히 많다. 스페인에서는 오후 2시 정

산티아고 순례길을 City & Town

도부터 레스토랑의 문을 여는 경우가 많기 때문이다.
저녁식사는 마트에서 요리 재료를 사다가 만들어 먹기도 하지만 레스토랑에서 10~15€의 식사가 전채 요리, 주 요리, 디저트로 먹을 때가 많다. 식사를 하면서 대화를 나누기 때문에 유럽이나 미국의 순례자들과 대화를 하기 위해서는 같이 레스토랑에서 식사를 하는 것도 친해지는 방법이다.

 Tip

스페인 식사

스페인의 레스토랑은 9~10시에 저녁 식사를 하지만 산티아고 순례길의 레스토랑에서는 6시 30분 이후부터 식사를 할 수 있다. 전채 요리, 주 요리, 디저트로 이루어진 식사가 10~15€로 제공되는 데, 와인이나 맥주, 음료수를 마신다면 추가적인 비용이 소요된다.

- **전채 요리** : 샐러드, 파스타, 스프, 리조또
- **주 요리** : 고기요리나 찜, 아니면 생선요리에 감자튀김이 같이 제공된다.
- **디저트** : 케이크, 아이스크림, 요구르트, 플란, 콘레체 등

전채 요리

메인 요리

디저트

스페인 맥주 & 와인

스페인 맥주

스페인은 국토가 넓고 다양한 기후를 가지면서 각 지방이 서로 달리 살아왔다. 그래서 맥주 브랜드에서도 다양하게 지방마다 특색이 있다. 주말에는 점심을 먹고 나서 친구들이나 가족끼리 1, 2, 3차를 맥주와 와인을 바^{Bar}를 돌아다니면서 마시고 이야기를 나눈다. 그들에게는 이런 이야기를 나누는 즐거움이 매우 큰 행복의 요소이다. 그만큼 맥주는 스페인 사람들에게 중요하다고 할 수 있다.

마호우(Mahou)

중부지방에서 주로 볼 수 있는 마호우^{Mahou}는 마드리드에 본사를 둔 스페인 최고의 맥주 회사이다. 마드리드에서 1890년에 만들어진 맥주 회사로 패일 라거$^{Pale\ lager}$ 스타일의 맥주이다.

산 미구엘(San Miguel)

1885년 말라가에서 만들어진 후에, 1890년, 필리핀으로 옮겼다. 그래서 필리핀 맥주라고 알고 있는 사람들도 있는 산 미구엘$^{San\ Miguel}$은 말라가에 본사를 둔 스페인 안달루시아 맥주이다. 마호우 – 산미구엘$^{mahou-\ san\ miguel}$이라는 회사로 말라가와 필리핀에 지사를 두고 있는데 마호우와 같은 패일 라거$^{Pale\ lager}$ 스타일의 맥주이다.

알함브라(Alhambra)

그라나다의 대표 맥주인 알함브라^{alhambra}는 1925년 만들어졌다. 그라나다 대표 맥주인 알함브라는 1990년대부터 경영난을 겪다가 2006년에 마호우^{Mahou}가 인수하였다.
앰버 라거$^{Amber\ lager}$ 스타일의 맥주는 마호우와 조금 다른 맥주 맛을 즐길 수 있다.

에스뜨레야 댐(Estrella Damm)

바르셀로나에 본사를 둔 맥주회사로 검정색의 띠를 두른 브랜드로 알려져 있다. 라거lager와 몰타doble malta 스타일의 맥주 맛이 특징이다.

에스뜨레야 갈리시아(Estrella Galicia)

저자가 산티아고 순례길을 많이 걸어서인지 가장 입에 맞는 맥주이다. 1906년에 갈리시아 주에서 만들어진 맥주는 현재, 스페인 북동부 지방에서 가장 인기가 많은 맥주이다.

암바르(Ambar)

사라고사 대표맥주인 암바르는 라거 스타일의 맥주로 맛이 풍부하다는 평가를 받고 있다.

스페인 와인

스페인 와인은 쉽다. 이탈리아와 프랑스에 이어 세계 3대 와인 생산국인 스페인. 프랑스 와인에 비해 포도의 질감이 그대로 드러나기 때문에 맛이 있다고 느끼는 경우가 많다.
스페인의 남부인 안달루시아 지방은 더운 지방이고 1년 내내 태양이 뜨겁게 달구기 때문에 대부분의 와이너리들은 북부의 라 리오하 지방에 서늘한 고원지대에 위치해 있다. 그래서 서늘한 지대에서 재배된 포도는 잘 익어 풍부한 포도맛과 동시에 좋은 산미가 있는 와인은 복잡하지 않고 높은 풍미를 느끼게 해준다.

스페인 와인의 역사

기원전 3~4천년, 로마제국의 통치 아래 포도가 재배되고 와인 양조가 시작되었다. 로마제국의 멸망한 이후 이슬람교를 믿는 무어 족이 통치하면서 와인은 거의 사라지기에 이르렀다. 국토 회복 운동으로 가톨릭 국가로 다시 성장하면서 와인이 다시 생산되기에 이르렀다.

16세기 중반, 영국 국왕 헨리 8세와 스페인 공주와의 결혼으로 당시 스페인 와인이 미국과 영국으로 수출량이 증가했으나, 두 사람이 이혼하면서 수출은 주춤하게 되었다. 그러다가 19세기 중반에 결정적인 스페인 와인을 다시 평가하는 계기를 맞게 되었다. 프랑스를 중심으로 퍼진 필록세라 균으로 유럽의 포도밭이 황폐화되었을 당시, 다행이 피해가 없던 스페인 북부의 라 리오하 지방이 대체 와인 생산지로 스페인 와인을 알리게 되었다. 스페인 와인은 인기를 끌면서 세계 시장으로 진출하기 시작하였다.

20세기 초, 결국 스페인에도 필록세라 균이 퍼지면서, 스페인 내전과 1~2차 세계대전까지 겹쳤고 스페인 경제가 타격을 입으면서 와인도 동력을 잃었다. 이후 스페인 경제는 1950년대나 되어서야 안정을 되찾았고 1980년대부터 양질의 와인 생산과 함께 세계 3대 와인강국으로 올라서게 되었다.

순례자의 하루

2~3일을 걸어보면 순례자의 하루가 짐작이 된다. 아침 6~7시 사이에 일어나 8시 전에 알베르게Albergue에서 나와 하루 일정을 시작하게 된다. 알베르게Albergue는 8시 전에 나와야 하고 1일만 숙박이 된다.

아침에는 커피와 빵으로 간단히 아침을 먹고 나서 물을 챙겨 걷다보면 배고픔에

싸온 간식을 순례길 중간에 먹으며 걷다가 점심을 먹는다. 이어서 쉬었다가 걸었다가를 반복하면서 하루에 20~30km의 일정을 마치게 된다. 하루에 대략 6~8시간을 걷게 된다.

걸을 때는 반드시 물집이 잡히지 않도록 발을 보호하면서 걸어야 한다. 물집이 잡히면 어느 누구도 제대로 걷기가 힘들다.

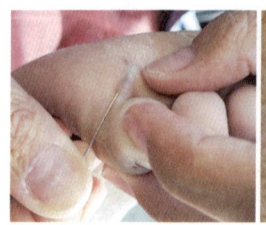 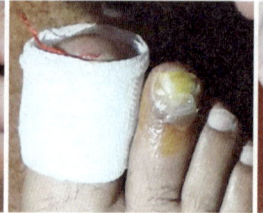 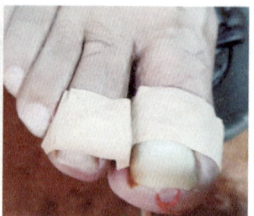

또한 물집이 잡히면 걸을 때 균형이 무너지기 때문에 또 다른 물집이 잡혀 제대로 걷지 못하는 악순환이 시작된다.

여름에 걸을 때는 물을 항상 배낭에 준비를 잘하고 걸어야 하고 추운 날씨나 겨울에는 얼마 안 되는 양의 물로도 충분히 걸을 수 있다. 마을을 지나갈 때마다 마을에는 식수대가 있으므로 물이 부족하다면 채워서 이동하도록 하자.

산티아고 순례길을 City & Town

걷는 곳은 다양하다. 단순한 시골길부터 도로를 걷기도, 건너가기도 하고 교차로를 지나가기도 한다. 도로 옆 소로길도 걷고, 다리 밑으로 건너가고, 터널을 통과하기도 하면서 한걸음 한걸음 산티아고 데 콤포스텔라로 다가간다. 약 33일 정도 걸으면 마지막 지점에 도착할 수 있다.

만약 너무 일찍 오전 12시~오후 1시에 다음 도시에 도착하면 알베르게Albergue로 가서 기다리며 점심을 먹고 쉬게 된다. 알베르게Albergue에서 사람들과 이야기하면서 놀고, 저녁 시간에는 저녁식사를 하고, 10시 전에 잠에 들게 된다. 알베르게Albergue에서는 늦어도 10시에 문을 잠그고 10시에 소등을 시키는 알베르게도 있다.

인간 승리 미셸^{Michel}

내가 처음 보았을 때, 그는 배낭이 한쪽으로 기울어 옆으로 엎어질 것 같았다. 다음날도 같은 자세였다. 그렇게 걷는 것이 신기했다. 걷다가도 발목과 다리가 아파 한참을 쉬었다가 출발했다. 우리가 할 수 있었던 유일한 행동은 '파이팅!'을 외쳐 주는 것뿐이었다.

사랑하는 아내를 잃고 한참을 방황하다가 산티아고 순례길을 알고 출발하였다는 그는 하루도 쉬지 않았다.

그는 남들보다 늦게 오래 걸어서 알베르게^{Albergue}에 도착하면 녹초가 되어 있었다. 한참을 쉬었다가 샤워를 하고 저녁에는 항상 발목에 근육 완화제를 바르고 마사지를 홀로 했다. 그렇지만 그는 항상 친절하고 웃으면서 대화를 나누었다. 결국 그는 산티아고 데 콤포스텔라에 도착했다. 우리는 그에게 최고로 멋진 사진을 선물했다.

순례길을 걸으면서 만나는 친구들

담대

매일 순례길을 걸으면
아침 일찍 일어나 준비해
출발하는 때에 드는 생각이 있다.

힘들 때 드는 미련,
오늘 하루는 그냥 쉴까?

하지만 나는 안다.
힘들 때 늘 자신에게 드는
나태해지려는 생각이다.

어디서든 날 나는
힘들어도 담대하게
걸어가야 한다.

그게 순례길이다.

생 장 피드포트에서 론세스바예스까지 - 26.3km

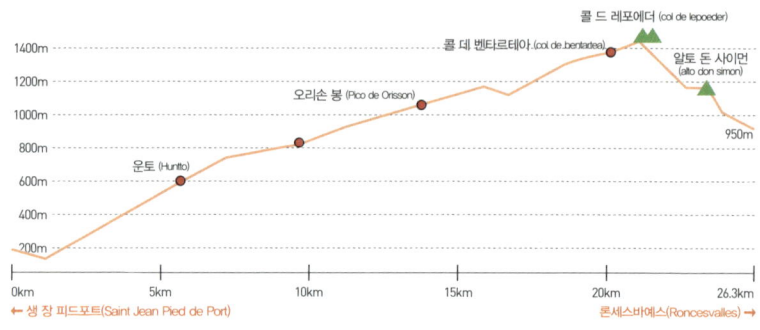

> **이동경로 / 26.3km**
>
> 생 장 피드포트(Saint Jean Pied de Port) – 운토(Huntto) – 오리손 봉(Pico de Orisson) – 십자가(Crudeiro) – 뢰푀더 언덕(Col de Lepoeder) – 론세스바예스 (Roncesvalles)

대부분의 오르막길 (첫날부터 어렵다.)

프랑스에서 스페인 국경을 넘는 이 구간은 피레네 산맥이 자리잡고 있는 요새 같은 곳이다. 산티아고 순례길이 익숙하지도 않지만 가장 힘든 구간에서 시작한다. 장거리를 이동하여 쉬고 싶었겠지만 바로 출발하면서 걱정부터 앞서게 된다.
피레네 산맥의 오르막길을 올라가 이제 끝인가 생각하면 다시 내리막길이 나온다. 그런데 내리막길도 쉽지 않다. 첫날이기 때문에 자주 물을 마시고 간식으로 체력을 보충하면서 걸어가야 한다. 운토, 오리송 봉, 레푀더 안부가 대표적인 쉬는 장소이다. 중간 중간 쉬지 않으면 경사가 심한 내리막길에서는 무릎이 아프면서 미끄러질 수도 있기 때문에 조심해야 한다. 그늘이 부족하므로 모자, 물, 선글라스 등을 미리 챙겨두는 것이 좋다.

산티아고 순례길을 City & Town

생 장 피드포트 Saint Jean Pied de Port → 운토 Huntto 에서
오리손 봉(Pico de Orisson) _4.8km

생 장 피드포트(Saint Jean Pied de Port)

산티아고 순례길의 프랑스 길이 시작되는 생 장 피드포트 Saint Jean Pied de Port 는 매년 30만 명 이상이 찾는 마을이 되었다. 피레네 산맥으로 들어서는 입구에 있는 작은 마을이지만 겨울을 제외하면 항상 순례자와 관광객으로 북적인다.

Pico de Orisson
오리손 봉

12세기 리처드 1세에 의해 파괴된 이후 방치되다가 나라바 왕국이 세워지면서 북부 지역의 거점이 되었다. 북쪽의 생 자크 문으로 들어가면 남쪽의 에스파냐 문으로 나가도록 마을의 주도로가 나 있다. 시타델 거리Rue de la Citadel는 옛 모습 그대로 사람들을 맞는다.

성 야고보 문(Porte St. Jacques)

북쪽으로 이어지는 13세기 언덕의 문은 순례자에게는 프랑스길의 시작점처럼 느껴지는 장소이다. 산티아고 순례길이 유네스코 세계문화유산으로 등재되면서 이 문도 세계문화유산처럼 생각되지만 그것은 아니다.

요새(Citadel)

18세기 후반에 프랑스는 국경을 강화하기 위해 피레네 산맥에 요새를 만들기 시작했다. 이 요새는 시타델 거리에서 남쪽으로 이어지는 스페인 거리로 이어지도록 설계되었다. 첫날 요새에 올라 마을을 둘러보고 피레네 산맥의 아름다운 풍경을 보는 것도 좋은 선택이다.

산티아고 순례길을 City & Town

순례자 사무소(Accueil St. Jacques)

고풍스러운 순례자 사무소는 자신의 이름을 기입하고 순례자 여권인 '크레덴시알Credenciale'를 만들어 도장을 찍어 산티아고 데 콤포스텔라에서 완주증인 '콤포스텔라Compostela'를 받는 데 중요한 증표이다. 아침 7시부터 밤22시까지 문을 열고 순례자를 위해 많은 정보를 제공하기도 한다.

 Tip

Gite = Albergue

산티아고 순례길에서 프랑스 길은 프랑스에서 시작되지만 하루면 스페인으로 이동한다. 순례자들은 숙소를 호텔이나 다른 게스트하우스로 정해 머물러도 되지만 대부분은 순례자 전용 숙소에 머무른다. 이 숙소를 프랑스는 '지트(Gite)'라고 부르고 스페인은 '알베르게(Albergue)'라고 부른다. 생 장 피드포트(Saint Jean Pied de Port)에서는 두 단어가 동시에 사용되고 있다. 5월부터 첫 날 지트(Gite)는 빠르게 숙소가 차면서 숙소를 못 구해 다른 숙소를 찾는 경우를 보게 된다. 인터넷으로 예약을 할 수 있기 때문이다.

성모 승천 성당
(Eglise Paroissale de L'Assomption de la Vierge)

니베 강 다리 위에 세워진 성당이다. 아기 예수를 안은 성모상이 보이는데, 이 때문에 다리 위의 성모 성당이라고 부르기도 한다. 전쟁 때 성모상을 도난당하면서 지금의 성모상은 복제품이고 첨탑도 1915년 화재로 소실되면서 이후에 다시 지금의 모습으로 지어졌다.

오리손 봉^{Pico de Orisson} ➡ 십자가^{Crudeiro}
➡ 뢰푀더 안부^{Col de Lepoeder}에서
론세스바예스(Roncesvalles)_0.0km

뢰푀더 안부(Col de Lepoeder)
이바녜타^{Ibarñeta}언덕에 11세기 후반에 지어진 구세주 경당이 있다. 1965년에 지금의 큰 십자가 모양의 작은 집과 종탑이 만들어졌는데, 산티아고 순례길을 걷는 사람들의 사진첩에 꼭 들어가는 이색적인 성당이 되었다. 성당 옆에는 롤랑의 기념비가 서 있다.

 뢰푀더 안부^{Col de Lepoeder} → **론세스바예스**^{Roncesvalles} | 4.1/5.6km

론세스바예스^{Roncesvalles}과 부르구에테^{Burguete}마을이 보이면 내리막길이다. 오르막길이 끝나면 힘들지는 않지만 내리막길의 경사는 심하고 작은 돌에 미끄러져 다칠 수 있다. 특히 무릎에 힘을 주고 천천히 걸어가야 한다. 무릎이 좋지 않다면 미리 압박보호대를 착용하는 것도 좋은 방법이다.

경사가 심한 흙길과 오른쪽의 포장도로가 있는데, 안전하게 포장도로로 걷는 것을 추천한다. 샤를마뉴 대제와 롤랑의 전설이 있는 예배당이 나오면 거의 끝나는 지점이다.

2일차 론세스바예스부터 수비리까지 - 21.9km

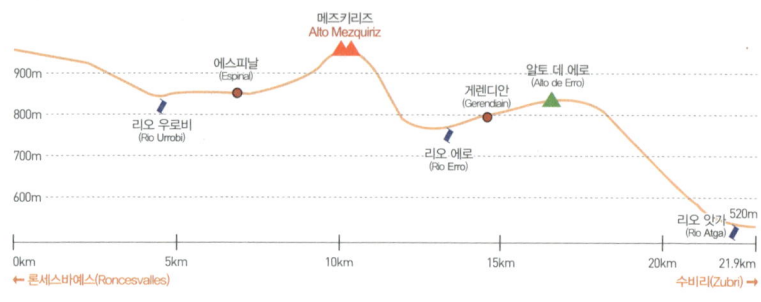

이동경로 / 21.9km
론세스바예스(Roncesvalles) - 부르게테(Burguete) - 헤렌디아인(Gerendiain) - 에로 고개(Alto de Erro) - 수비리(Zubri)

완만한 오르막길+내리막길

첫날은 힘들었지만 대신 자신감을 얻었다. 가끔은 "매일 이렇게 힘들게 걸어야 하나?" 걱정하기도 한다. 또한 알베르게 생활을 하면서 적응하는 것도 쉬운 일은 아니라는 것도 판단해야 한다.

산티아고 순례길은 자신의 걷는 방법에 맞춰서 걸어가고 중간 중간 휴식을 취해야 한다. 단거리로 빠르게 걷는다고 해결되지 않는다.

산티아고 순례길을 City & Town

론세스바예스Roncesvalles부터 린소아인까지 피레네 산맥에서 살아가는 마을을 지나가면서 사람들의 생활을 엿볼 수 있기도 하다. 완만한 오르막길과 내리막길이 이어지기 때문에 적절히 쉬어야 한다. 에로 고개에서 수비리까지만 다소 내리막길이 심하므로 무릎을 조심해야 한다.

쉬지 않으면 경사가 심한 내리막길에서는 무릎이 아프면서 미끄러질 수도 있기 때문에 조심해야 한다. 그늘이 부족하므로 모자, 물, 선글라스 등을 미리 챙겨두는 것이 좋다.

 Tip

무거운 짐을 옮기는 방법

처음 산티아고 순례길을 걷는 사람들이 대부분일 것이다. 2번 이상 오는 경우는 흔하지는 않다. 처음으로 오면 불안감 때문에 무거운 짐을 들고 고생을 한다. 그래서 이곳에서만 생긴 서비스가 다음 목적지로 배낭을 옮겨 주는 것이다.

가장 먼저, 사전에 알베르게 측에 예약을 하여 전화를 하도록 이야기 해야 한다. 하루에 약 25km정도를 걸어가므로 약 5€를 주면 다음 알베르게로 옮겨주는 데 서비스 업체에서 알베르게를 돌면서 짐을 수거해 다음 알베르게로 옮긴다.

15kg 이하일 때 비치된 봉투로 된 종이에 목적지(알베르게 이름), 발송자 정보인 성명, 전화번호를 적으면 된다. 봉투 안에 운송비를 넣어야 한다.

산티아고 순례길을 City & Town

론세스바예스^{Roncesvalles} ➡ 부르게테^{Burguete}에서
헤렌디아인(Gerendiain)_10km

론세스바예스(Roncesvalles)
프랑스에서 피레네 산맥을 넘어 북부 스페인의 981m에 론세스바예스^{Roncesvalles}가 있다. 첫 날의 힘든 여정으로 알베르게에서 정신없이 지내는 순례자들은 골짜기 마을이라는 뜻의 론세스바예스^{Roncesvalles}를 지나치기 쉽다. 2일차에는 수월하게 걸을 수 있으므로 아침에라도 마을을 잠시 둘러보기 바란다.

Roncesvalles
론세스바예스

북동쪽 팜플로나와 프랑스 국경 근처의 론세스바예스Roncesvalles는 북부 스페인에서 피레네 산맥의 981m에 있다. 론세스바예스Roncesvalles의 고개인 푸에르토 데 이바네타Puerto de Ibañeta는 1,177m의 높이에 있는 고개이다.

산티아고 순례길을 City & Town

간략한 론세스바예스 역사

778년 8월 15일에 매복하고 있던 바스크 왕국의 군대는 산을 가로질러 돌아오는 군대를 격퇴하여 롤랑의 기념비가 세워지기도 했다. 고개의 정상에는 12세기에 세워진 샤를마뉴의 샤를마뉴 기념물이 있다. 12세기에 수도회가 숙소를 만들며 나바라 왕국으로 들어가는 순례자들을 보호하기 시작하며 마을로 지금까지 이어오고 있다.

130년 경, 팜플로나의 주교인 산초 데 라 로사와 나바라 왕이 순례자들을 위해 공동으로 세운 아우구스티우스의 수도원이 있다. 산티아고 데 콤포스텔라의 성당이 만들어지기 전부터 순례자들은 걷기 시작했다는 사실을 알 수 있다.

 Tip

성령 경당(Capilla del Espirtu Santo)
이슬람 세력의 군대와 전투를 벌이면서 론세스바예스(Roncesvalles)를 빼앗길 위기에서 사수한 롤랑과 기사들이 묻힌 곳에 둥근 천장을 만들고 경당으로 사용되고 있다.

전투 기념비
산티아고 성당과 성령 경당 앞에 778년 롤랑이 벌인 전투를 기념하기 위한 조형물이다.

나바라 주

피레네 산맥은 프랑스 남쪽에서 스페인으로 뻗어나가 나바라 주의 북쪽 절반을 차지하고 있다. 숲이 우거진 산들과 물이 잘 흐르는 계곡은 빽빽한 수목이 자리 잡게 한 원동력이다. 나바라 주의 인구는 에브로 강을 따라, 주도인 팜플로나에 집중되어 있으며, 곡물 재배와 삼림과 가축 사육을 피레네 산맥에서 얻고 있다. 산기슭과 계단에서 배수된 에브로 강의 풍경은 단조롭다.

나바라 왕국은?

나바라 왕국은 프랑스로 북쪽에 뻗어 있는 왕국으로 알려져 있다. 팜플로나를 근거지로 12세기 말까지 존재했다. 팜플로나는 711년 이후 이슬람교도들에 의해 점령되었으나, 바스크 지방은 초기에 일부 자치권을 획득하여 798년경에 독립된 통치자로 자리매김했다.

산티아고 순례길을 City & Town

나바라 왕국은 팜플로나를 수도로 에브로 강 남쪽으로 영토를 확장하여 나제라와 라리오하의 많은 부분을 점령했다. 산초 3세는 영토를 확장해 왕국의 기초를 닦았지만 그가 죽으면서 왕국은 나바라, 아라곤, 카스티야로 나뉘었다. 1076년, 산초 라미레스의 아라곤이 팜플로나를 점령한 뒤 나바라는 1134년까지 다스린 가르시아 4세 치하에서 독립을 회복하고 1134년까지 아라곤 왕국의 지배를 받았다.

나바라 왕국은 작은 국가였지만 이슬람교도들이 전쟁에서 패배한 후에도 계속 살수 있도록 하였다. 이슬람 장인들은 다양한 물자를 만들어 국가의 부를 축적하는 데 도움을 주었다. 다른 곳에서 박해가 심각해지자 나바라 왕들의 보호를 받기 위해 모여들었고 나바라 왕국은 중세 후기의 작은 나라였지만 국제정치에서 중요한 역할을 했다. 피레네 서부의 스페인으로 가는 중요한 지점을 통제하고 그 사이를 통치한 완충 국가였기 때문이다.

산타 마리아 콜레히아타 대성당
(Iglesia Colegiata de Santa Maria)

13세기 산초 7세가 프랑스 고딕양식으로 짓도록 명하면서 대형 성당으로 탄생하였다. 하지만 화재로 제 기능을 상실했다가 17세기 이후 성당과 회랑이 다시 재건되었다. 내부에는 14세기에 만들어진 고딕 양식의 툴루즈에서 만들어진 성모상이 있다.

산티아고 성당(Iglesia de Santiago)

고딕 양식의 성당은 사각형의 단순 명료하게 만들어진 13세기 성당이다. 18세기까지 운영되었지만 이후 일부는 소실되며 버려졌다. 20세기에 다시 순례길에 순례자가 찾아오면서 재건되고 창문과 종이 만들어졌다.

인포메이션 센터

18세기에 만들어진 건물을 개조하여 사용하고 있는 곳으로 스페인에서 산티아고 순례길을 시작하려면 이곳을 찾아가면 된다. 스페인 사람들이 국경을 넘지 않고 프랑스 길을 출발하려면 론세스바예스에서 출발하기 때문에 사람들로 북적이는 곳이다.

산티아고 순례길을 City & Town

 헤렌디아인^{Gerendiain} ➜ 에로 고개^{Alto de Erro}에서
수비리(Zubri)_11km

다리가 있는 마을이라는 뜻의 바스크어로 이름지어진 마을로 2일차에 머물 곳이다. 라비아 다리 Puente de la Rabia를 건너 마을로 들어가는데, 피레네 산맥을 넘었다는 안도감으로 다들 흥분하면서 순례자들과 대화를 나누기도 한다. 수비리에서 순례자들은 서로 이야기를 나누며 맥주를 마시고 본격적인 순례길을 걷기 위해 사귀기 시작하는 작은 마을이다.

3일차 수비리부터 팜플로나까지 - 21km

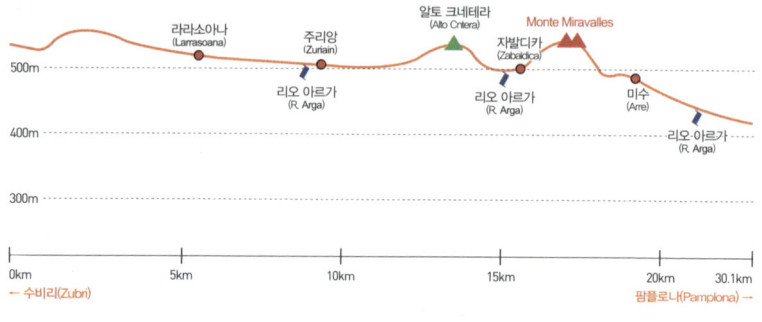

이동경로 / 21km

수비리(Zubri) - 라라소아나(Larrasoana) - 수리아인(Zuriain) - 트리니다드 데 아레(Trinidad de Arre) - 팜플로나(Pamplona)

평지길

2일을 걷고 아르가 강을 건너고 따라가면서 팜플로나에 들어가는 날로 거리로 짧아서 걷기에 적당하다. 앞으로 대도시로 들어가야 하는 경우가 많을 것이다. 평지길이어서 힘이 들지는 않지만 지루하게 도시외곽에서 도시 안으로 들어가야 해서 교통량이 많은 도로와 교차로를 지나가야 한다.

또한 대도시로 진입하면 노란색 화살표가 없어지고 보도블록에 조개껍데기 표시가 있거나 진입하는 공원 같은 곳에는 가로수에 노란색이나 표지판이 있고, 가로등에 화살표 표시를 해놓기도 한다. 잘 보고 걸어가야 길을 잃어버리지 않는다. 구글 맵으로 자신의 위치를 확인하면서 걸어가는 것도 좋은 방법이다.

수비리Zubri ➡ 라라소아나Larrasoana에서
수리아인(Zuriain)_9.8km

라라소아나(Larrasoana)

라라소아나Larrasoaña는 중세에 순례자를 위한 중요한 도시로 여겨졌다. 프랑스에서 출발한 순례자들이 나바라 왕국으로 들어가는 지점이었기 때문이다. 현재, 순례자들은 강 건널목에서 풍경을 감상하지만 중세 순례자는 어려운 상황에 처하게 될 때가 많았다. 라라소아나Larrasoaña에 있는 푸엔테 데 로스 반디도스Puente de los Bandidos 다리는 중세 순례자가 강도 사건이 생기면서 다치거나 문제가 발생해 순례를 시작도 못하고 돌아오는 경우가 발생했다.

이때 아우구스티누스 수도원과 순례자를 위한 두 곳의 호스피스는 순례를 위해 도시를 정비하고 질서를 유지하면서 봉사했다. 성 블라이세St. Blaise 와 성 제임스St. James에 헌정된 2개의 예배당이 존재한다.

산티아고 순례길을 City & Town

 수리아인^{Zuriain} ➡ 트리니다드 데 아레^{Trinidad de Arre}에서
팜플로나(Pamplona)_11.2km

팜플로나

도시의 중심은 카스티요 광장으로 남서로 이어져 있는 사라사테 거리와 아르하 강으로 둘러싸인 곳이 구시가이다. 광장의 북동쪽에 중후한 모습의 대성당이 있고, 레딘 거리를 따라 북으로 올라가면 나바라 시대에 만들어진 성벽이 있다. 성벽위에서 아르하 강^{Rio Arja}을 볼 수 있다.

 Tip

팜플로나(Pamplona)에서 시작하는 순례자는?

스페인에서 산티아고 순례길을 걷기위해 출발하는 순례자는 팜플로나(Pamplona)에서 시작하는 경우도 있다. 마드리드에서는 아토차역에서 하루에 3~4편의 기차가 있으며 약 3시간 30분이 걸린다.
버스는 아베니다 데 아메리카 버스터미널에서 6~10편의 버스가 있으며, 약 5시간이 소요된다. 팜플로나 역에 내리면 역은 시가 북쪽 교외에 있어 시내 중심까지는 B9버스를 이용하면 약 10분정도면 시내중심으로 들어온다.

Pamplona

팜플로나

중세 스페인 북부의 있던 나바라 왕국의 수도로 중세부터 순례자들이 반드시 거쳐 가야 하는 도시였다. 로마 시대에는 폼페이오폴리스Pompeiopolls로 불렸다가 바스크인들이 정착하면서 그들의 언어로 '도시'라는 뜻의 이루나iruna로 불렸다.

산 페르민(San Fermin) 축제

스페인 북부 나바라 지방의 주도인 팜플로나는 소몰이 축제가 유명하다. 소몰이 축제Encierro는 7월 6일부터 시작되는 산 페르민San Fermin 축제의 일환으로 열리는 행사이다. 투우 경기에 사용하는 소들은 투우장으로 옮길 때 운반 수단을 이용하지 않고, 도시 인근의 소 우리에서 투우 소들을 풀어서 투우장까지 몰고 가는 과정에서 생긴 축제이다. 많은 사람들은 산 페르민 축제 기간 동안 매일 8시 정각에 산토 도밍고 광장에서 산토 도밍고가와 에스타페타가를 지나 투우장까지 825m의 좁은 거리를 투우 소들과 함께 달린다.

1924년 이래 15명의 사망자와 200명 이상의 부상자가 발생했다고 보고되기도 했다. 이 축제는 헤밍웨이가 1926년에 출간한 소설 "해는 또 다시 떠오른다."에 나와 세계적으로 유명세를 타게 되었다.

도시 이름의 기원

기원전 1세기 경, 로마의 카이사르와 폼페이우스가 내분이 일어났을 때, 폼페이우스 휘하의 세르토리우스 군대를 정벌하기 위해 카이사르의 폼파엘로Pompaelo 장군이 막사를 지어 도시가 시작되었는데, 그 이름이 지금까지 이어오면서 '팜플로나Pamolona'로 변형되었다.

한눈에 팜플로나(Pamolona) 파악하기

박물관이나 유적지를 둘러보면서 더 머물 수 있다. 알베르게는 도시의 중앙에 위치해 있어서 도시를 둘러보기에 좋다. 대성당 입구의 건너편이 쿠리아 거리Curia Calle인데 이 길은 메르카데레스 거리Mercaderes Calle로 이어지고 계속 직진하면 산 사투르니노 성당Iglesia San Saturnino이 보인다.

길을 따라 좁은 골목으로 올라가면 레콜레타스 광장Plaza Recoletas과 산 로렌소 성당Iglesia San Lorenzo에 도착한다. 이곳에 수호성인인 산 페르민San Fermin의 예배당이 있다. 도로를 건너가면 보스케시오 거리로 들어서고 곧 타코네라 공원을 볼 수 있다.

프랑스 문
Portal de Francia

16세기에 프랑스에서 출발한 순례자들이 이 문을 지나야 팜플로나에 들어갈 수 있었다. 팜플로나는 8세기에 다시 한 번 이주민인 노르만족이 들어오면서 기존의 정착민과 이주민이 나누어져 생활을 하였다. 다시 15세기에 카를로스 3세$^{Carlos\ III}$가 이주민을 장려하면서 기존의 2개 구역을 허물고 성벽을 쌓았다. 이때 문이 만들어졌다.

18세기에는 다리를 올리고 내리는 문을 다시 만들어 2개의 문이 있다. 1939년에는 '수말라카레기 문'이라고 이름을 지었지만 시민들은 아직도 기존의 '프랑스 문$^{Portal\ de\ Francia}$'이라고 부르고 있다.

산티아고 순례길을 City & Town

산타 마리아 성당
Iglesia Santa Maria

로마시대에 광장이 위치한 구시가지에 있는 산타 마리아 성당은 팜플로나 알베르게^{Albergue}에서 1분 거리에 있다.

스페인의 건축가 에스테반^{Esteban}이 로마네스크 양식으로 지었지만 14세기에 화재로 불탄 후 다시 고딕 양식으로 지어져 지금에 이르렀다. 팜플로나를 지금의 규모로 키운 카를로스 3세$^{Carlos\ III}$의 무덤이 위치하고 다양한 유물들이 있어서 관광객으로 항상 붐비는 성당이다.

주소_ Calle Dormitaleria 1, 31001 시간_ 10~17시(토요일 10~13시) 요금_ 5€

산 사투르니노 성당
Iglesia San Saturnino

산타 마리아 성당의 정면에서 내려가면 산 사투르니노 성당으로 이어져 골목이 시작된다. 3세기에 프랑스 툴루즈의 신부였던 산 사투르니노는 선교를 위해 팜플로나에 도착해 활동했다. 하지만 이방인을 배척하면서 포교활동을 못하고 250년경에 순교하였다. 제단에는 오른쪽에 산티아고 상, 왼쪽에 요한 상이 서 있다.

4일차 팜플로나에서 푸엔테 라 레이나까지 - 24.4km

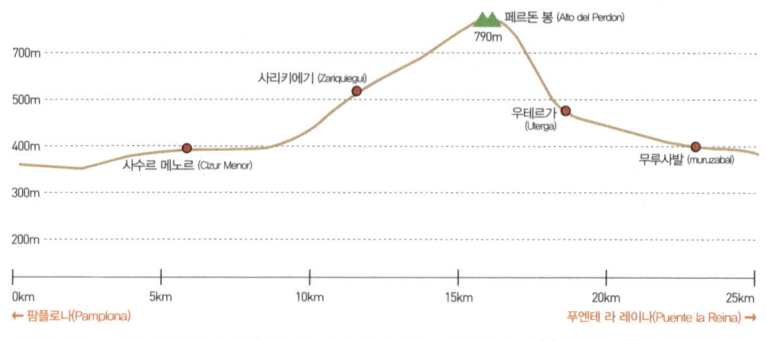

> **이동경로 / 24.4km**
>
> 팜플로나(Pamplona) - 사수르 메노르(Cizur Menor) - 사리키에기(Zariquiegui) - 페르돈 고개(Alto del Perdon) - 우테르가(Uterga) - 오바노스(Obanos) - 푸엔테 라 레이나(Puente la Reina)

오르막길과 내리막길
(오히려 오르막길이 쉽고 내리막길에 조심해야 한다.)

팜플로나Pamplona에서 아침에 출발하면 어두워서 도시를 벗어나는 게 혼동되기도 한다. 그러니 나보다 앞서서 출발하는 순례자가 있다면 잘 따라서 도시를 벗어나는 게 현명할 수 있다. 이후에는 페르돈 봉
까지 평지에서 오르막길이 이어지는 데 바람이 지나가는 곳에 순례자 기념물이 작품으로 세워져 있다.
이곳까지 올라오는 것도 힘들 수 있지만 이후가 더 문제이다. 내리막길만 잘 마무리하면 그 이후부터는 평지로 이어진 길이 마을과 포장도로로 이어져 어렵지 않게 걸을 수 있다.

산티아고 순례길을 City & Town

- 푸엔테 라 레이나 / Puente la Reina — 24.4km
- 오바노스 / Obanos — 24.4km
- 무루사발 / Muruzabal — 19.7km
- 우테르가 / Uterga — 16.8km
- 용서의 언덕 조형물 / Alto del Perdón
- 페르돈 고개 / Alto del Perdón — 13.1km
- 거부의 샘 / Fuente
- 사리키에기 / Zariquiegui — 10.7km
- 구엔둘라인 / Guendulain
- 갈라르 / Galar
- 시수르 메노르 / Cizur Menor — 4.8km
- 나바라 대학교 / Universidad de Navarra
- 팜플로나 / Pamplona — 0km

111

팜플로나^{Pamplona}에서
사수르 메노르(Cizur Menor)_4.8km

팜플로나의 외곽에 있는 작은 부자 동네이다. 예루살렘의 성 요한 기사단의 점령지가 되어 마을로서의 기능이 시작되었다. 12세기에 만들어진 로마네스크 양식의 산 미겔 아르크앙헬 성당^{Iglesia de San Miguel Arccangel}이 중심에 있고 근처에는 상점이나 바^{Bar}, 레스토랑 등이 있다.

산티아고 순례길을 City & Town

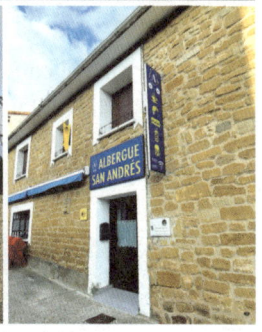

 사수르 메노르 Cizur Menor 에서
사리키에기(Zariquiegui)_5.9km

마을 입구에 로마네스크 양식의 산 안드세스 성당과 순례자들을 위한 식수대가 있고, 성당 현관에는 다양한 양식으로 표현이 되어 있다. 산 페르돈 언덕 Alto del Perdon 을 올라가기 직전의 마을로 지금은 풍력 발전기가 더 마을을 알려주는 장소가 되었다.

사리키에기^{Zariquiegui}에서
페르돈 고개(Alto del Perdon)_2.4km

790m의 산 페르돈 언덕^{Alto del Perdon}에는 산티아고 순례길을 걸으며 처음 보는 조형물이 인상적으로 다가오는 고개이다. 철로 만들어진 중세의 순례자 상이 공기와 만나 빨갛게 된 조형물은 상당히 오래된 느낌이다.

나바라의 조각가인 빈센테 갈베테^{Vincente Galbete}가 홀로 아니면 같이 걷고, 당나귀를 끌거나 타고, 산티아고 데 콤포스텔라를 향해 같은 목적을 위해, 순례길을 걷는 다양한 순례자들의 모습을 표현해 놓은 것이다.

이곳까지 올라온 순례자들은 숨을 헐떡이며 고개에서 볼 수 있는 풍경을 바라보며 불어오는 바람을 맞으며 쉬어간다. 조형물에는 순례자가 느낄 수 있는 문구가 적혀 있다.

Donde se cruza el cammino del viento con el de las Estrellas
별이 지나가는 길을 따라 바람이 지나가는 곳

산티아고 순례길을 City & Town

조형물만 산 페르돈 고개Alto del Perdon에 있는 것은 아니다. 깃대 모양으로 표현된 전 세계의 중요 도시 방향으로 도시 이름과 거리가 적혀 있는 이정표가 있다. 산티아고 순례길을 향해 오는 순례자들이 전 세계에서 온다는 메시지를 전달하려고 만들어졌다고 한다.

시멘트로 된 네모 모양 옆의 깃대에 안내판이 있는 데, 지금 만들어지는 환경 친화적인 프로젝트에 대해 설명이 나와 있다. 정면에는 서쪽 길로 마을들이 눈에 들어온다. 꼭대기 쪽으로는 아르노테기 산Monte Arnotegui의 정상으로 40기의 풍력발전기가 설치되어 있다. 또한 정상에서 건너편 풍경을 볼 수 있다.

 페르돈 고개^{Alto del Perdon}에서
우테르가(Uterga)_3.7km

마을로 들어서면 길게 이어진 도로를 중심으로 중앙 광장과 분수가 있고 건너편에 알베르게가 있다. 16세기에 지어진 고딕 양식의 성모 승천 성당^{Parroquia de la Asuncion}은 17세기에 개축되면서 종탑이 추가되었다.

산티아고 순례길을 City & Town

우테르가Uterga에서
오바노스(Obanos)_4.7km

언덕에 자리한 오바노스Obanos는 문양으로 장식된 건물을 따라 가면 광장과 알베르게가 나타난다. 광장 건너편에 성당과 수도원 건물이 있다. 나바라 지방은 지중해 문화권의 영향을 받아 와인과 올리브 산업이 발달되어 있다. 에브로 계곡을 거쳐 밀과 포도주, 채소, 올리브 나무가 들어온 곳으로 로마 제국의 일부로서 중세시대에는 투델라 왕국의 중심지가 되었다.

특히 오바노스에는 나바라 귀족들의 세력이 강해 귀족들이 회의를 하면서 자신들의 권리를 왕에게 내세우는 도시로 알려져 있다. 성당에는 종교화와 성 야고보의 동상이 있다. 성 월리엄의 유골이 은으로 된 유골함에 담겨 이곳에 보관되어 있다.

오바노스^{Obanos}에서
푸엔테 라 레이나(Puente la Reina)_2.9km

'왕비의 다리'라는 뜻의 푸엔테 라 레이나Puente la Reina는 아르가 강을 건너 서쪽으로 진출하기 위해 중요한 도시였다. 그래서 12세기에 아라곤 왕국의 알폰소 1세는 도시를 만들면서 다리가 생겨났다. 그러나 나무로 만들어진 다리는 다리의 역할을 하기 힘들었다. 이후, 산초 3세의 부인이 로마네스크 양식으로 다리를 만들어 감사하다는 마음으로 '왕비의 다리'라고 부르고 있다.

N-111번 도로를 건너면 시내가 길게 가로지른 도보 길인 마요르 거리Mayor Calle가 이어지고 옆에 광장과 성당 2곳이 있다. 산티아고 성당과 성모 마리아 상이 있는 산 페드로아포스톨 성당이 웅장하게 서 있다. 주말에는 마을 대부분의 주민들이 미사를 본다. 마을 끝에 있는 센 아르가 강의 중앙에는 왕비의 다리가 서 있다.

산티아고 순례길을 City & Town

Puente la Reina
푸엔테 라 레이나

스시내가 길게 가로지른 도보 길이 이어지고 옆에 광장과 성당 2곳이 있다. 산티아고 성당과 성모 마리아 상이 있는 산 페드로아포스톨 성당이 웅장하게 서 있다. 주말에는 마을 대부분의 주민들이 미사를 본다.

마을 끝에 있는 센 아르가 강의 중앙에는 레이나 다리가 서 있다. 산초 3세의 부인이 로마네스크 양식으로 다리를 만들어 감사하다는 마음으로 '왕비의 다리'라고 부르고 있다.

십자가 성당(Iglesia del Crucifijo)

템플 기사단이 성당을 오랜 기간 동안 사용하다가 14세기에 성 요한의 구호 기사단이 돌보면서, 독특하게 'Y'자 모양의 고딕 양식 십자가가 독일에서 옮겨진 후 '산토 크리스토 성당'으로 이름이 바뀌었다.

산티아고 마요르 성당(Iglesia de Santiago el Mayor)

마을을 가로지는 중심가인 마요르 거리^Calle Mayor에 있는 로마네스크 양식의 성당으로 12세기에 지어졌다. 상부에는 아랍 문양이 있는 것을 볼 수 있다. 검은 벨차라고 부르는 산티아고 성당이 있는데, 지팡이를 집고 다른 손으로는 외투를 쥐고 있는 모습이 순례자를 표현한다고 한다. 14세기까지 순례자들이 조각상을 보기 위해 반드시 둘러보는 성당으로 알려져 있다.

왕비의 다리(Puente la Reina)

아르가 다리Puente de Arga라고 불렀으나 산초 3세의 부인이었던 도냐 마요르Doña Mayor 가 늘어나는 순례자들을 위해 아름다운 다리를 만들도록 명령해 지어진 것을 기념 하기 위해 다리 이름이 바뀌었다. 나바라 왕국의 수도였던 팜플로나Pamplona와 에스 테야Estella 도시를 잇는 중요한 다리역할을 하였다.

나바라(Navara)

17세기까지 나바라 지역에 존재했던 왕국. '나바라Navara'는 스페인의 카스티야어 명 칭이며, 프랑스어로 나바르Navarre라고 했기 때문에 나바르 왕국이라고도 한다. 나바라 왕국은 7세기 말, 이슬람 세력이 이베리아 반도를 정복하고, 기독교 세력은 서북부의 산악 지역으로 쫓겨 났다. 나바라 왕국은 원래 과거 바스크 지방에서 등 장한 기독교 국가 중 하나로 수도는 팜플로나였고 지금의 스페인과 프랑스의 국경 에 걸쳐 있었다.

5일차 푸엔테 라 레이나에서 에스테야까지 - 21.1km

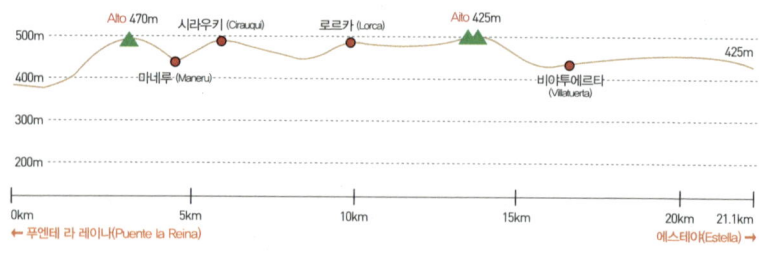

이동경로 / 21.1km

푸엔테 라 레이나(Puente la Reina) - 마네루(Maneru) - 시라우키(Cirauqui) - 로르카(Lorca) - 비야투에르타(Villatuerta) - 에스테야(Estella)

오르막길 (초반의 오르막길만 힘들다.)

위에 있는 경사도를 보면 별로 힘들지 않고 거리도 어제보다 4.3km나 줄어서 괜찮겠다고 생각하고 걸어가기 시작하면 혼란이 온다. 처음에 걷는 경사가 의외로 힘들기 때문이다. 시라우키, 로르카는 스페인 북부의 대표적인 와인 생산 지역으로 포도밭과 10km이상 같이 걸어야 한다. 또한 로르카는 벌꿀을 채집하는 양봉으로도 상당히 유명하다. 그래서 반드시 로르카나 에스테야Estella에서 와인을 마셔볼 것을 추천한다.

에스테야Estella에 도착하면 산 페드로 성당, 카스티요의 십자가 등이 유명한데 알베르게는 도시를 가로질러 구시가지의 끝에 길 건너에 위치해 있다. 입구에 있는 다리로 이동하면 안 되므로 계속 직진하여 이동하여야 한다. 5일 정도 걸어가면 피로가 쌓이게 되니 반드시 휴식을 취하는 것이 좋다.

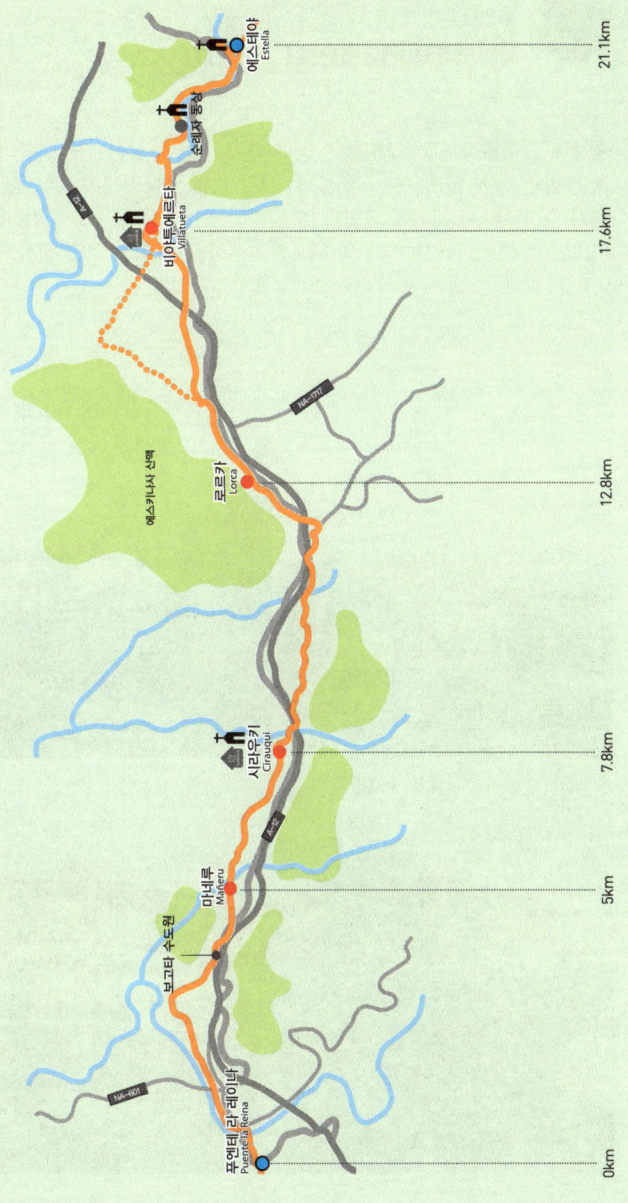

푸엔테 라 레이나(Puente la Reina)에서
마네루(Maneru)_5km

중세에는 템플 기사단이 머물던 곳에 항상 마을이 형성되곤 했다. 평지에 있어 마을이 없던 곳에 템플 기사단이 오랜 시간 동안 머물면서 이곳을 중심으로 작은 교회가 생겨났다. 18세기에 교회가 있던 자리에 페테르 교구 교회가 증축되어 지금에 이르렀다. 현재, 올리브 나무와 포도밭이 있어 대표적인 와인 생산지역으로 이름을 알리고 있다.

산티아고 순례길을 City & Town

 마네루Maneru에서
시라우키(Cirauqui)_2.8km

평지만 있는 인근 지역에 비해 언덕으로 이루어진 시라우키Cirauqui에는 필연적으로 마을이 생길 수밖에 없는 지형이다. 중세부터 마을이 커지면서 13세기에는 산 로마 성당Iglesia San Roman이 생겨났고 이어 성 캐서린 성당Iglesia Santa Cathlina도 지어졌다.

 Tip

산 로마 성당(Iglesia San Romandl)

로마네스크 양식으로 지어진 중세풍의 성당은 15세기 이후 이슬람 문화권으로 편입되면서 아치 모양으로 변형되었다. 이후 국토 회복운동이후에도 그대로 사용되면서 아치 모양의 문이 대표적인 특징으로 알려져 있다.

시라우키Cirauqui에서
로르카(Lorca)_5km

12세기에 지어진 산살바도르 성당이 중심에 있고 이곳을 중심으로 작은 광장과 알베르게가 있다. 이곳에는 알베르게가 있지만 대부분의 순례자는 이곳을 통과해 지나가는 마을 정도로 알려져 있다.

산티아고 순례길을 City & Town

로르카Lorca에서
비야투에르타(Villatuerta)_4.8km

비야투에르타Villatuerta에는 아란수 강Rio Irau이 흘러가는 데 작은 도시이므로 강 폭도 작다. 도시 중간에 카페가 있어서 잠시 쉬어갈 수 있다. 여름에는 상당히 더워서 그냥 지나치기보다 물이나 음료수를 마시면서 쉬었다 걸어가는 것이 힘들지 않다.

성당이 아름다운 비야투에르타Villatuerta는 성모 승천 성당과 산 미겔 성당이 있다. 도시의 마지막에 있는 산 미겔 성당은 상당히 크고 아름답다. 걷는 것이 힘들지만 성당을 보면서 잠시 쉬어갈 것을 추천한다.

131

비야투에르타 Villatuerta 에서
에스테야(Estella)_3.5km

팜플로나 Pamplona 와 로그로뇨 Logroño 사이에 위치한 에스테야 Estella-Lizarra 는 산티아고 순례길의 중요 지점이다. 중앙에 마을을 관통하는 주도로가 있고 이 도로를 중심으로 바 Bar, 레스토랑, 광장, 교회 등이 펼쳐져 있다.

마을의 중간 지점에 산 마르틴 광장 Plaza San Martin 에는 분수와 카페들이 쭉 이어져 있고 현재 박물관으로 사용되고 있는 12세기에 지어진 '나바라 왕들의 궁전 Palacio de las Reyes de Navarra'이 있다. 나바라 왕들이 서약을 했던 곳으로 유서 깊은 마을이라는 것을 알 수 있다.

산티아고 순례길을 City & Town

Tip

이름의 시작
11세기에 바스크어로 별이라는 뜻의 '리사라(Lizarra)'로 프랑스인들이 마을을 만들었지만 스페인어의 별의 길이라는 뜻의 에스테야(Estella)로 지명을 변경하였다. 점차 기술을 가진 공인들이 순례자로 유입이 되면서 건물과 다리, 성당이 만들어졌고 프랑스인들과 스페인 사람간의 알력도 발생했다.

분쟁의 역사
마을이 도시로 커지면서 점차 전쟁도 발생하면서 분란이 자주 발생하는 곳으로 각인되었다. 14세기에는 유대인 공동체가 형성되었다가 축출되었고, 19세기에는 왕위 계승자와 갈등 관계에 있는 돈 카를로스의 본거지로도 분쟁이 끊이지 않았다.

Estella
에스테야

스에가 강^{Rio Ega}은 중앙 광장 옆으로 있고 동쪽으로 산 후안 바우티스타 성당^{Iglesia de San Juan Bautista}이 있다. 매주 목요일에는 야채, 피클, 현지 치즈와 같은 로컬 시장이 열린다.

라 카르셀 다리(Puente de la Carcel)

다리의 계단은 에스테야Estella에서 가장 사진에 많이 찍힌 곳으로 라 카르셀La Cárcel 다리와 산 미구엘San Miguel 성당으로 이동할 수 있다. 다리는 감옥이라는 뜻으로 19세기 후반까지 끊긴 상태였지만 1971년 관광을 위해 재건되었다.
에스테야Estella에서 유일하게 유료인 3,80€를 내고 건널 수 있도록 만들었다. 바위 위에 세워진 인상적인 산 페드로 데 라 루아San Pedro de la Rúa와 같이 종교적인 루트의 존재가 남긴 종교적, 시민적 흔적을 보기 위해 스페인 북부사람들이 자주 찾는다.

성 무덤 성당(Iglesia del Santo Sepulcro)

마을의 입구에 있는 고딕 양식의 전면부가 인상적인 미완성의 성당은 성당이라기보다 수도원처럼 보이기도 한다. 12세기에 건축을 시작했지만 19세기에 폐쇄되었다. 성당 문 양쪽으로 6개씩 12사도의 인물상이 새겨져 있다. 십자가 위에 매달린 예수가 묘사되고 그 옆으로 군사들과 성모, 사도 요한이 부조로 조각되어 있다.

나바라 왕들의 궁전(Palacio de las Reyes de Navarra)

12세기부터 15세기까지 나바라 왕국의 왕과 왕비들이 살았던 궁전이지만 작은 크기에 지나치는 건물이다. 12세기 말에 지어진 로마네스크 건축의 유일한 토목 건물이며 1931년에 국립 기념물로 지정되었다. 에스테야Estella의 조형 예술가에게 헌정된 구스타보 데 마에츄Gustavo de Maeztu의 박물관으로 사용되고 있다.

산 페드로 데 라 루아 성당(Iglesia de San Pedro de la Rua)

에스테야Estella의 중간 지점에 높은 계단 위에 있는 큰 성당으로 광장의 왼쪽으로 가파른 계단을 올라가면 엘리베이터가 설치되어 편리하게 이동이 가능하다. 중세에 순례자들의 묘지로 사용되면서 작은 성당으로 시작했다. 현재의 성당은 1929년에 작업을 시작하여 1951년에 완성한 건축가 빅토르 에우사Victor Eusa의 작품이다.

성당 안으로 들어가면 12세기에 지어진 회랑이 나오는데 상당히 아름다운 로마네스

크 양식의 성당 내부를 볼 수 있다. 특히 날씨가 좋을 때는 시간을 보내기에 좋아 순례자들이 오랜 시간 머물게 된다.

Tip

수호성인의 전설

13세기에 파트라스의 주교가 순례를 왔는데, 자신이 가지고 온 선물을 간직해 순례하는 중이었다. 안타깝게 그는 앓던 병이 심해져 세상을 떠났고, 이후에 순교를 한 비르겐 델 푸이(Virgen del Puy)를 수도원에 묻었다고 한다. 당시 산초 라미레스(Sancho Ramirez) 왕은 그를 기리기 위해 암자를 세웠고 나중에 바로크 양식의 교회로 대체되었다.

1085년에 아바주자(Aárzuza)의 양치기들이 별 무리의 밝기를 따라 언덕 꼭대기로 올라갔다. 그들은 그녀의 팔에 아이를 안고 있는 성모의 이미지를 발견했는데, 그 이름은 언덕이라는 뜻의 프랑스의 노트르담 뒤 퓌(puy)와 닮았기 때문에 이름이 붙여졌다.

산티아고 순례길을 City & Town

산 미구엘 성당(Iglesia de San Miguel)

도시를 가르는 에가강 건너편에는 산 미구엘 성당Iglesia de San Miguel이 있는데, 12세기 말 라모타 정상에 세워진 사원처럼 자리 잡고 있다. 후기 로마네스크 양식으로 1987~1992년에 복원되어 상태가 매우 좋다.

산 후안 바티스타 성당(Iglesia de San Juan Bautista)

산 미구엘 성당Iglesia de San Miguel에서 도보로 5분 거리에 산 후안 바티스타 교회가 있다.
정면은 신고전주의 양식에 속하고 첨탑은 다른 성당처럼 로마네스크 양식이다. 성 요한 복음사가와 성 요한 세례자가 표현되어 있는 제단화는 르네상스 시대의 장식이 유명하다.

6일차 에스테야에서 로스 아르코스까지 - 21.7km

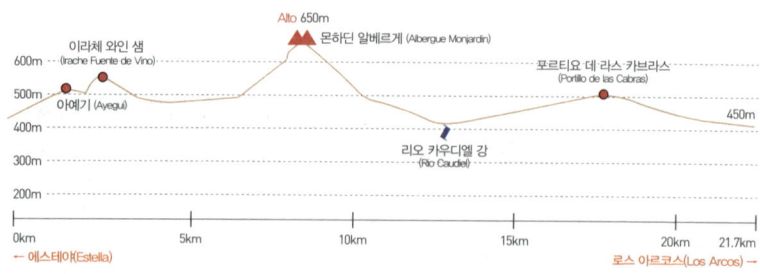

> **이동경로 / 21.7km**
>
> 에스테야(Estella) - 이라체 와인 샘(Irache Fuente de Vino) - 아스케타(Azqueta) - 비야마요르 데 몬하르딘(Vilamayor de Monjardin) - 로스 아르코스(Los Arcos)

오르막길 (마지막 10km의 그늘 없이 걷기가 힘들다.)

오늘 걷는 거리는 비교적 짧은 편이다. 처음부터 올라가는 오르막길은 이라체 와인샘에서 공짜로 마시는 와인으로 어느 정도 보상을 받는다. 720m까지 올라가는 높이에 힘들 수도 있다고 생각하겠지만 어렵지 않다. 그런데 비야마요르 데 몬하르딘 Vilamayor de Monjardin 부터 로스 아르코스 Los Arcos 까지 이어지는 평야에서 걷는 것이 힘들다. 평지이지만 그늘은 없고 막연하게 10km이상을 걸어야 한다. 로스 아르코스 Los Arcos 4km전에 있는 그늘 의자가 유일한 위로가 될 것이다.

Tip

햇볕과 동행한다!

우리가 지금 걷고 있는 길은 스페인 북부의 와인 산지에서 걷고 있는 곳으로 최근에 스페인 와인이 유행하면서 유럽에서 많이 소비되고 있다. 사전에 물과 간단한 초콜릿과 같은 간식, 캔디 등이 있으면 걷는 데 좋을 것이다. 또한 같이 걸을 수 있는 벗이 있다면 금상첨화가 될 것이다.

산티아고 순례길을 City & Town

에스테야Estella에서
이라체 와인 샘(Irache Fuente de Vino)_3.4km

에스테야를 지나서 약 4km 정도 걸어가면 오른쪽에 커다란 와인 공장이 있다. 이 와인 공장 입구 철문 앞에 수도꼭지 2개를 볼 수 있다. 이곳은 '푸엔테 데 이라체 Fuente de Irache'이다.

수도꼭지 한쪽에서는 물이 나오고, 한쪽에서는 포도주가 나온다. 이라체Irache 수도원에서 순례자들에게 빵과 와인을 나눠 주었던 전통을 이은 것이다. 이곳에는 순례자들이 적어 놓은 "순례자여! 산티아고까지 힘차게 가려면, 이 포도주 샘에서 한 잔을 따라 행운을 위해 건배하세요."와 "과도하게 마시지 마세요.", "기꺼이 당신을 대접하겠습니다."와 같은 문구들이 써 있다.

산티아고 순례길을 City & Town

산타마리아 라 레알 수도원(Santa Maria la Real de Irache)

아예기Ayegui의 이라체 와인 샘 위로 올라가면 보이는 수도원이다. 팜플로나 왕국의 왕 가르시아 산체스 3세Nájera García Sánchez III의 명령에 따라 산티아고로 향하는 길목과 나바라 최초의 병원을 설립해 순례자를 지원하고 수도사를 양성할 목적으로 8세기에 세워졌다.

11세기에 증축되었고 12세기에 로마네스크 양식의 교회, 회랑, 타워가 세워지면서 수도원 단지처럼 완성되었다. 16세기에 베네딕토 수도회가 운영하면서 회랑과 교회에서 접근할 수 있는 문을 세워 접근성을 높였다. 17세기에 회랑, 타워가 증축되어 지금에 이르렀다.

이라체 와인 샘Irache Fuente de Vino에서
비야마요르 데 몬하르딘(Vilamayor de Monjardin) _6.2km

라 리오하 La Rioja **지방의 와인**Vino

스페인에서 포도가 본격적으로 생산되기 시작한 때는 프랑스의 와인 생산지역에서 포도밭에서 발생한 질병인 '필록세라'를 피하기 위해 남쪽으로 내려와 포도 재배를 시작한 이후, 대체지역으로 스페인 북부로 시선을 옮기면서 시작하였다.

프랑스보다 질병에 강하고 종류도 다양해진 스페인 와인은 프랑스 와인의 대체지역으로 시작하였지만 지금은 프랑스 와인의 저가 와인 시장을 유럽 내에서 대체하는 효과를 보고 있다. 상대적으로 브랜드화가 안 되어 고가 와인은 많지 않지만 새로운 다양한 와인을 맛볼 수 있어서 스페인 와인은 점차 세계적으로 인기를 얻고 있다.

산티아고 순례길을 City & Town

 비야마요르 데 몬하르딘^{Vilamayor de Monjardin}에서
로스 아르코스(Los Arcos)_12.1km

로스 아르코스는 산티아고 순례길과 나바라 지방을 통과하는 상징적인 도시이다. 오드론^{Odrón} 강 유역의 언덕에 위치한 도시는 11세기 후반, 오래된 로마 광산이 발견되면서 시작되었다. 와인과 산티아고 순례길의 교차로에 있는 도시로만 생각되지만 중세 이후부터 나바라 왕국의 전투에서 중요한 군수물자 지원을 한 덕분에 번성한 도시이다.

당시 로스 아르코스^{Los Arcos}는 정사각형 요새로 성곽이 있는 성곽 도시였으며 성벽 안에 7개의 문이 있었다. 순례자들이 8월 14~20일 사이에 방문한다면 산 로케^{San Loce}를 기리는 축제에서 투우와 불꽃놀이를 볼 수 있다.

 Tip

자동차 경주
역사적인 도시를 방문하는 다른 이유는 로스 아르코스 외곽에 오토바이, F1 자동차를 위한 서키트 나바라(Circuit of Navarra)이며 카트 트랙이 있어 자동차 경주를 위해 찾는 관광객도 많다고 한다.

산타 마리아 성당(Iglesia de Santa Maria de las Arcos)

12세기에 로마네스크 양식으로 지어졌지만 16세기에 르네상스, 17세기에 고딕, 18세기에 바로크 양식으로 증축되면서 다양한 양식이 혼합된 성당이다. 성당의 정면 문은 플라터레스크 양식으로 장식되어 있다. 또한 16세기 후반의 고딕양식의 회랑이 아름다워 순례자들이 사진을 많이 찍는 장소이기도 하다.

오후 8시 정도에 바로크 양식으로 꾸며진 내부를 볼 수 있다. 성당의 르네상스 양식의 종탑은 스페인에서 독특한 종탑으로 알려져 있다.

7일차 로스 아르코스에서 로그로뇨까지 - 27.8km

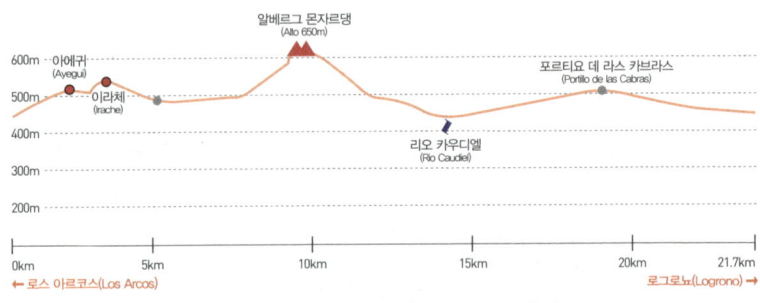

> **이동경로 / 27.8km**
>
> 로스 아르코스(Los Arcos) - 토레스 델 리오(Torres del Rio) - 비아나(Viana) - 로그로뇨(Logrono)

대부분은 평지길 (그늘이 없는 경작지 길은 걷기 힘들다.)

전날 짧은 거리를 걷고 오늘은 긴 거리를 걷게 되어 긴장할 수도 있지만 대부분은 포도밭과 함께 하는 평지길이다. 간간이 오르막길이 있지만 그 정도는 어려운 정도는 아니다.

큰 도시인 비아나Viana와 로그로뇨Logrono를 걷기 위해서는 도시를 들어갔다가 다시 나가야 하는 어려움이 있다. 화살표를 잘 보고 걸어가면 도시를 들어가고 나가는 과정이 어렵지는 않을 것이다.

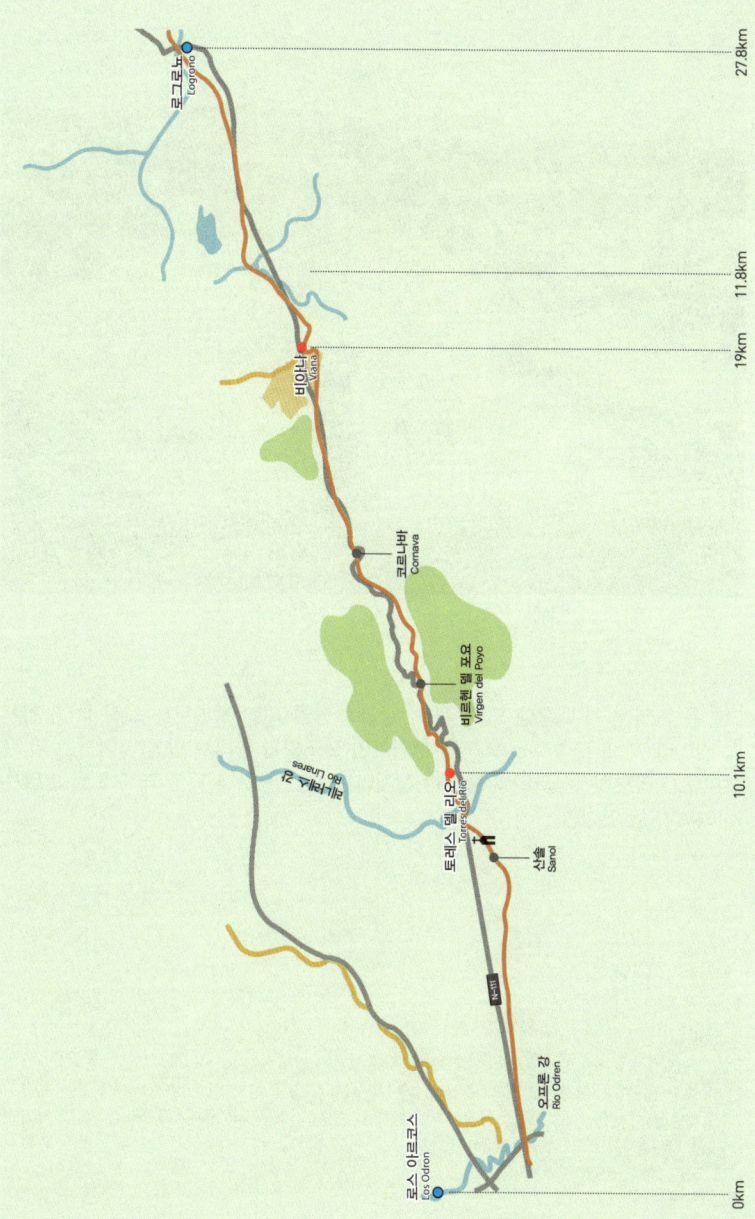

그늘은 거의 없기 때문에 모자, 물, 선글라스 등을 미리 챙겨두는 것이 좋다. 마지막 비아나Viana와 로그로뇨Logrono를 걸어가면 포도밭과 올리브 밭을 걸어가는 데 로그로뇨가 리오하Rioja 와인의 중요한 산지라는 사실을 알게 되면 왜 포도밭이 많은지 이해가 될 것이다.

 Tip

리오하(Rioha)와인의 산지

로그로뇨(Logrono) 도시를 찾는 관광객은 한 해 300만 명이 넘는다. 한 때 프랑스 와인이 경작이 좋지 않을 때 대체지를 찾은 곳이 스페인 북부이다. 그 중에서 리오하(Riohja) 와인은 프랑스 와인을 대체하는 와인으로 성장하기도 했다. 그래서 스페인 사람들은 리오하(Rioja) 와인에 대한 자부심이 크다. 팜플로나를 떠나면서 보는 포도밭은 대부분 리오하 와인을 만들기 위한 포도밭이라고 생각하면 된다.

로스 아르코스^{Los Arcos}에서
토레스 델 리오(Torres del Rio)_10.1km

토레스 델 리오^{Torres del Rio}는 순례자 마을로 멀리서부터 높게 솟은 성당이 인상적이다. 12세기에 지어진 산토 세풀크로 성당^{Iglesia de Santo Sepulcro}이 유명하다. 템플 기사단과 예루살렘에 있는 홀리 세풀크로 성당을 모방하여 지어졌다.
8각형 모양으로 둥근 천장의 큐폴라를 만들었는데 이것이 기사단의 상징이다. 스페인의 순례자들이 자주 찾아와 내부의 그리스도 수난상 앞에서 기도를 올리는 장면을 볼 수 있다.

토레스 델 리오Torres del Rio ➡ 비아나Viana 에서
로그로뇨(Logrono) _11.7km

로그로뇨(Logrono)
스페인 최고의 와인 생산지인 라 리오하La Rioja지방의 로그로뇨Logrono는 라 리오하 지방의 수도로 스페인 북부에서 큰 도시로 알려져 있다. 한해 약 300만 명이 찾는 관광도시이다.
카스티야 왕국의 알폰소 6세가 피에드라 다리를 만들면서 도시의 기초가 형성되고, 11세기부터 성당이 지어져 광장에 사람들이 모여들면서 도시로 성장하였다.

 Tip

산 마테오(San Mateo) 축제
9월 말에 1주일 동안 열리는 리오하 와인 수확 축제(Rioja Wine Harvest Festival)에는 와인의 한 해 수확을 축하하기 위해 만들어진 축제로 스페인에서 성장하는 와인 산업과 함께 관광객이 몰려든다.
와인과 포도가 중심 무대인 축하 행사에서 색과 재미로 가득하다. 발로 포도를 으깨고 와인을 만드는 전통적인 과정을 보여주어 참여하는 어린이들과 성인들이 함께 즐긴다. 어린 황소와 함께하는 황소 달리기, 수레 퍼레이드, 거리 공연 등 방문객을 위한 다양한 프로그램이 많다.

산티아고 순례길을 City & Town

Logrono
로그로뇨

스페인 최고의 와인 생산지인 라 리오하^{La Rioja} 지방의 로그로뇨^{Logrono}는 라 리오하 지방의 수도로 스페인 북부에서 큰 도시로 알려져 있다. 한해 약 300만 명이 찾는 관광도시이다. 카스티야 왕국의 알폰소 6세가 피에드라 다리를 만들면서 도시의 기초가 형성되고, 11세기부터 성당이 지어져 광장에 사람들이 모여들면서 도시로 성장하였다.

한눈에 로그로뇨 파악하기

중심가인 데 포르탈레스 거리Calle Portales와 14세기의 산타 마리아 데 라 레돈다 성당 Iglesia Santa Maria de la Redonda 앞에 광장이 형성되어 있고 많은 바Bar와 레스토랑, 상점들이 밀집해 있다. 광장까지 이어진 거리는 약 100m 정도이므로 언제나 도시를 둘러보기 쉽다. 쌍둥이 탑인 라스 헤멜라스Las Genedas는 메르카도 광장Plaza del Mercado에 있어서 구분해 인식해야 한다.

산티아고 순례길을 City & Town

메르카도 광장에는 다양한 카페와 상점이 줄지어 있다. 여기서 서쪽으로 걸어가면 타파스가 모여 있는 라우렐 거리 Calle Laurel가 나온다. 광장의 동쪽에는 살바도르 광장Plaza Amon Salvador이 나오고 이곳에 산 바르톨로메 성당Iglesia de San Bartolome과 산타 마리아 델 팔라시오 성당Iglesia de Santa Maria de Palacio이 있다.

 Tip

레베인 문(Puerta del Revellin) & 의회당

12세기, 찰스 4세(Charles IV)는 도시에 접근할 수 있는 유일한 아치형 통로인 레베인 문(Puerta del Revellin)을 만들어 도시를 보호하려고 문을 만들고 성벽을 지었다. 이전에 라 메르세드(La Merced) 수녀원이었던 원래 건물은 14세기에 지어졌지만 16세기에 증축되어 20세기에 이르러 리오하 지방의 의회로 사용되고 있다.

푸엔테 데 피에드라 다리(Puente de Piedra)

로그로뇨Logroño의 에브로 강Rio Ebro에 있는 4개의 다리 중 하나로 도시의 입구에 있어서 순례자들이 시내로 들어가기 위해 만나기 때문에 인상적이다. '산 후안 데 오르테가 다리Puente San Juan de Ortega'라고도 불리는 이 다리는 1871년에 오래된 다리가 무너진 후인 1884년에 공사가 시작되어 지금에 이르렀다.

주소_ 26001 Logroño

산타 마리아 데 라 레돈다 성당 (Iglesia Santa Maria de la Redonda)

12세기 고대 로마네스크 사원 위에 16세기에 지어진 성당으로 외부에 건축가 마르틴 데 베리아투아Martín de Berriatúa가 지은 쌍둥이 빌딩이 눈에 띈다. 1453년 산 마르딘 데 알벨다 교회San Martin de Albelda Church와 합병되면서 증축되었다.

건물은 16, 18, 19세기에 여러 차례 증축되어 1959년에는 대성당으로 스페인에서 지

산티아고 순례길을 City & Town

정되었다. 3개의 본당과 후면에 3개의 다각형 모양으로 지어졌고, 내부에는 여러 개의 예배당과 많은 무덤이 있다.

홈페이지_ www.museodelarioja.es 주소_ 26001 Logroño 전화_ +34 941291259

산티아고 엘 레알 교회(Parroquia de Santiago el Real)

로그로뇨Logroño의 구시가지, 산티아고 광장 옆에 있는 산티아고 엘 레알 교회는 시의회가 열렸고 중요한 지방의회 문서가 보관된 곳이다. 1513년에 건축된 교회는 3개의 섹션과 본당이 있다. 정면은 17세기로 개선문을 따라 설계되었으며 2개의 사도 산티아고 조각으로 장식되었다.

홈페이지_ www.lariojaturismo.com **주소_** 26001 Logroño **전화_** +34 941209501

 **Tip**

산티아고의 샘(Fuente de Santiago)

성당 밖에 있는 분수는 1675년에 돌로 지어진 2개의 기둥, 프리즈(Frieze)와 페디먼트(Pediment) 사이에 아치가 형성되어 있다. '산티아고 분수', '순례자의 분수', '길의 분수' 등 다양한 이름으로 널리 알려져 있다. 완전한 복원을 거쳐 1986년 12월 18일에 문을 열었다.

산티아고 순례길을 City & Town

산타 마리아 데 팔라시오 성당
(Iglesia de Santa Maria de Palacio)

카스티야의 알폰소 7세가 기증한 궁전의 기초 위에 세워졌기 때문에 '라 아구하$^{La\ Aguja}$'나 '라 임페리얼$^{La\ Imperia}$'로도 알려져 있다. 성당은 11세기에 세워졌으나 12세기에 재건되어 16세기에 증축되었다.
성당에는 3개의 본당이 있고, 횡단면 위로 팔각형 코폴라가 솟아 있고 외부에서 피라미드 고딕 스타일의 탑까지 확장된 구조로 이루어져 있다.

홈페이지_ www.lariojaturismo.com 주소_ 26001 Logroño 전화_ +34 941249660

산 바르톨로메 성당(Iglesia de San Bartolome)

로그로뇨에서 가장 오래된 성당으로 12세기에 지어지기 시작했지만 16세기에 완성되어 중요한 성당은 아니다. 성인으로 일컬어지는 바르톨로메를 기리기 위해 만들어진 성당은 출입구 상단에 생애에 대해 조각으로 표현해 놓았다.

8일차 로그로뇨에서 나헤라까지 - 29.4km

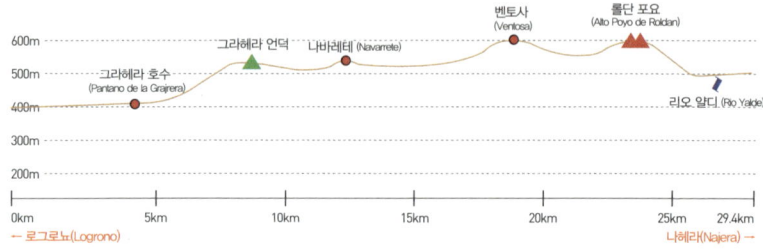

> **이동경로 / 29.4km**
>
> 로그로뇨(Logrono) - 그라헤라 호수(Pantano de la Grajrera) - 나바레테(Navarrete) - 벤토사(Ventosa) - 나헤라(Najera)

평지길 (걷는 거리가 길어서 힘들다.)

로그로뇨 시가지를 나올 때 아침 일찍 출발하면 혼동되는 경우가 많다. 표지판 자체도 많지 않고 시각적으로 보이지 않아서 길을 잘못 들어가는 경우도 발생한다.

특히 오늘처럼 긴 거리를 걸어야 할 때는 잘못 들어가는 길이 발생하면 실망감이 커진다. 로그로뇨 시내를 나와서 초등학교 오른쪽으로 나가는 표지판을 잘보고 걸어야 한다. 이 때부터 그라헤라 저수지까지 표지

산티아고 순례길을 City & Town

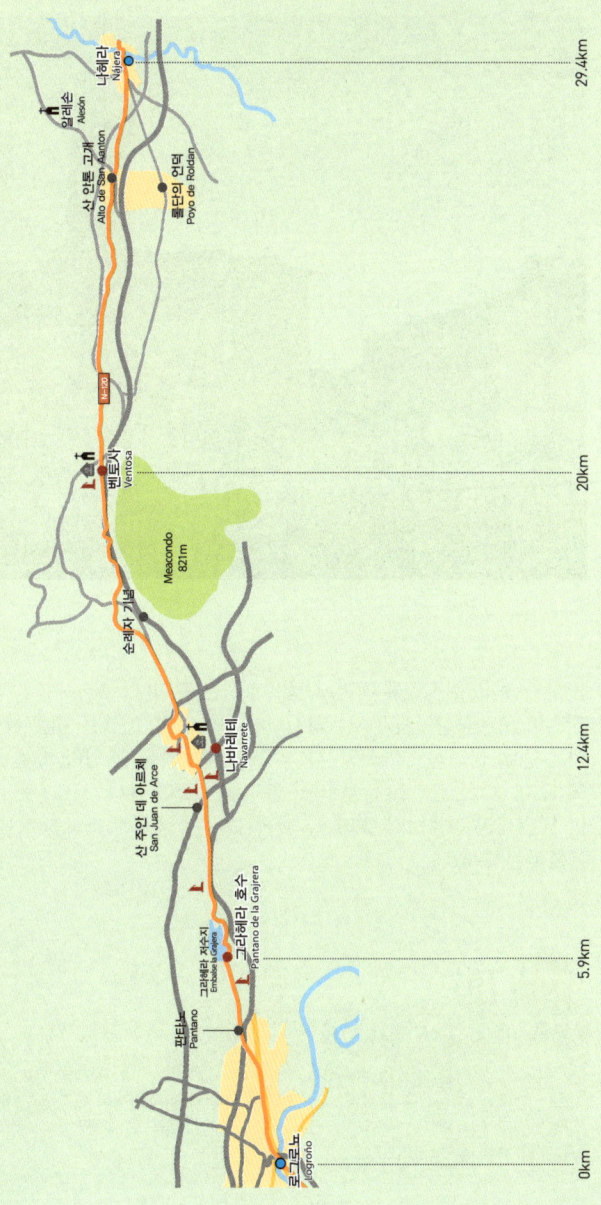

판은 거의 없고 직진을 하면서 걸어야 하는 곳이다.
간간이 오르막길이지만 오르막길보다 그늘이 없고 걷는 길을 혼동하여 다시 돌아가는 경우 심리적으로 실망감에 걷기가 힘들어질 수 있다. 그늘은 거의 없기 때문에 모자, 물, 선글라스 등을 미리 챙겨두는 것이 좋다. 포도밭은 옆에 계속 보이지만 낭만적인 마음보다 빨리 걸어가야겠다는 생각에 조바심이 나는 것이 더 걷기 힘들어질 수 있다.

Tip

걷는 거리가 길면 기본적으로 힘든 구간이다.

오늘 걷는 거리를 보면 29.4km이다. 걷는 거리가 길다는 것은 자체로 힘들고 걷는 시간이 길어진다. 그러므로 사전에 물과 간식을 준비해 힘들 때를 대비해야 한다. 오늘부터 힘들어서 견디지 못하고 택시를 타는 순례자가 늘어난다. 그래서 순례길 곳곳에 택시 전화번호가 적혀있는 광고를 자주 볼 수 있다.

산티아고 순례길을 City & Town

로그로뇨 Logrono → 그라헤라 호수 Pantano de la Grajrera
나바레테(Navarrete)_11.4km

나바레테(Navarrete)
나바라 왕국과 카스티야 왕국과의 경계에 있던 나바레테 Navarrete는 전쟁이 끊이지 않아 황폐화된 상태에 있었다. 하지만 8세기에 카스티야 왕국이 전쟁에서 승리하면서 국경에 성벽을 지어 마을의 형태를 갖추게 되었다.

성모승천 성당(Parroquia Santa Maria de la Asuncin)

마을 입구에 들어서면 오르막길이 시작되면서 16세기에 지어진 성모승천 성당이 보인다. 꼭대기에 서 있는 성모 승천 성당에서 멀리 평야를 바라보면서 쉬어갈 수 있다. 성당 입구에 동상이 서 있고 성당 안에는 바로크 양식의 제단이 있다.

산 후안 데 아크레 수도원 입구

나바레테[Navarrete]를 벗어나는 지점에 있는 수도원은 현재 묘지로 사용하고 있다. 하지만 산 후안 데 아크레 수도원은 입구의 문에 롤랑과 페리굿 조각상과 부조가 수도원이라는 사실을 알게 해준다. 13세기에 마리아 라미레스[Dona Maria Ramirez]가 세운 수도원은 중세이후에는 폐허로 방치되어 있었다.

산티아고 순례길을 City & Town

나바레테^{Navarrete} ➔ 벤토사^{Ventosa}에서
나헤라(Najera)_29.4km

나헤라(Najera)

나바라 왕국의 수도였던 나헤라^{Najera}는 약 7,000명 정도가 사는 마을로 나헤리야 강^{Rio Najeria}이 마을을 둘러싸고 흐르고 있다. 청동기 시기부터 사람들이 모여 살던 곳에 아랍인들이 도시를 만들어 험한 바위들이 모여 있는 곳이라는 뜻의 '나사라^{Náxara}'라고 불렀던 데에서 이름이 시작되었다.

10세기 나바라 왕이었던 산초 1세가 아랍세력을 물리치고 본격적인 도시의 성장이 시작되었다. 11세기에는 중세의 산티아고 순례길이 장려되면서 자치권을 부여하였다. 이때부터 산타 마리아 데 라 레알 수도원^{Monasterio Santa Maria de la Real}을 짓기 시작해 산초 3세에 완성된 수도원은 이곳의 자랑거리이다.

산타 마리아 데 라 레알 수도원
(Monasterio Santa Maria de la Real)

11세기 중반, 나바라 왕국의 산초 3세 때 완성된 수도원은 산티아고 순례길이 장려되면서 순례길 중간에 들려가던 수도원으로 지속적으로 개축과 증축이 이어졌다. 그 이후 카스티야 왕국에 편입되면서 프랑스 수도사들에게 위임되었다.

산티아고 순례길을 City & Town

회랑(Claustro)
고딕 양식으로 지어진 귀족들의 무덤을 들어가기 위한 문으로 사용되었다. 에덴의 정원으로 알려진 정원이 보이고 성당으로 이어진 문이 있다.

제단화
17세기에 만들어진 제단에는 가르시아 왕이 성모 마리아를 꿈에서 보았던 등불, 화병, 종이 그려져 있다. 중앙에는 아기 예수를 안고 있는 성모상이 보인다.

판테온(Panteón)
16세기에 만들어진 르네상스 양식의 묘지에는 카스티야 왕궁의 왕들이 묻혀 있는 곳이다.

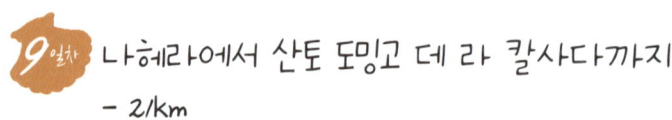

9일차 나헤라에서 산토 도밍고 데 라 칼사다까지 - 21km

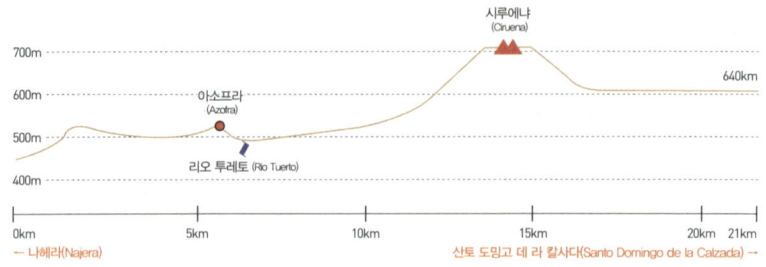

이동경로 / 21km

나헤라(Najera) - 아소프라(Azofra) - 시루에냐(Ciruena) - 산토 도밍고 데 라 칼사다(Santo Domingo de la Calzada)

사진 찍는 길

매년 많은 산티아고 순례길 에세이가 출간된다. 그 책 중에 많은 사진이 오늘 걷는 구간에서 보일 것이다. 스페인 북부의 와인 산지인 포도밭은 계속 이어진다. 봄에는 유채꽃이 노랗게 이어지고 가을에는 포도 수확이 이루어진다. 오늘도 경작지 사이로 걸을 때는 그늘이 없지만 사진을 찍기 좋은 구간이 많아서 지루하지는 않을 것이다.

그늘은 거의 없기 때문에 모자, 물, 선글라스 등을 미리 챙겨두는 것이 좋다. 포도밭 옆에 계속 보이지만 낭만적인 마음보다 빨리 걸어가야겠다는 생각에 조바심을 낼 필요가 없다. 걷는 거리가 21km로 짧은 편이다.

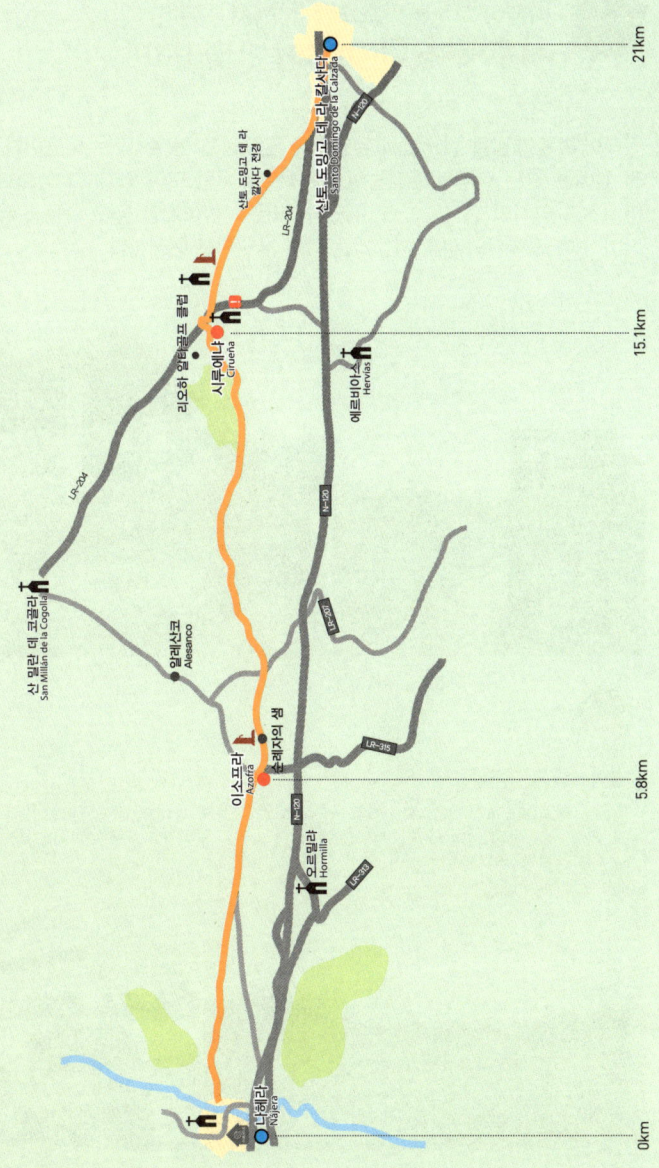

나헤라^{Najera} → 아소프라^{Azofra}에서
시루에냐(Ciruena)_15.1km

산티아고 순례길을 걸으면서 유일하게 골프장을 볼 수 있는 마을이다. 넓은 골프장 옆에는 같은 모양의 주택들이 타운하우스처럼 모여 있다. 그 옆으로 10세기 로마네스크 양식의 성당들이 모여 있다. 작은 마을이지만 올드 타운과 뉴타운, 골프장이 모여 스페인의 다른 마을과는 다른 분위기를 형성한다.

Tip

알바트로스 가르트로 골프장

27홀의 골프장은 누구나 쉽게 이용할 수 있다. 연습장부터 어린이 프로그램이 있어 쉽게 골프를 접할 수 있는 장점이 있다. 27홀에는 다양한 그린과 페어웨이가 골프장의 난이도를 조절해 골프를 즐길 수 있도록 조성되어 있다.

산티아고 순례길을 City & Town

시루에냐 Ciruena 에서
산토 도밍고 데 라 칼사다
(Santo Domingo de la Calzada)_5.9km

오하 강 Rio Oja 유역에 위치한 작은 마을인 산토 도밍고 데 라 칼사다 Santo Domingo de la Calzada는 중세 시대의 매력을 그대로 간직한 인구 6,000명에 불과한 도시이다. 아름다운 대성당과 2개의 순례자 병원이 된 파라도르, 수도원, 많은 예배당, 지역의 귀족 가문이 살았던 대저택이 있다. 산토 도밍고 데 라 칼사다 Santo Domingo de la Calzada는 중세에 산티아고 순례길에서 가장 유명한 것으로 여겨지는 소위 '암탉의 기적'으로 유명하다.

173

Santo Domingo de la Calzada
산토 도밍고 데 라 칼사다

산티아고 데 콤포스텔라로 가는 순례의 프랑스 길에서 도시 이름이 가장 길게 표시된 도시, 산토 도밍고 데 라 칼사다의 이름은 도시를 설립한 성(聖) 도밍고 가르시아에서 유래되었다.

리오하 지방의 마을 중 중세 산티아고 순례길은 북부 지방의 역사 유적지에 귀중한 유산, 특히 성벽, 대성당, 옛 순례자 병원이 있다.

라 리오자의 미식과 그 지역의 모든 유명한 와인들은 이 지역에서 제공하는 명소들 중 일부로, 산밀란 데 라 코골라에 있는 스페인어의 요람과 수소와 유소의 수도원을 방문할 수도 있다.

산티아고 순례길을 City & Town

축제(4월 25일)
축제 첫날, 사람들은 마을을 누비며 행렬에 뽑힌 청년들의 얼굴을 깃털로 푸른색으로 칠한다. 5월 1일부터 순례자를 인도하는 성자의 산책을 기념하여 거리를 걷는다. 5월 10일에는 12세기 아라곤의 알폰소 1세의 푸에로를 기념하는 양 행렬이 있다. 다음 날 판 델 산토의 행렬은 빵으로 만든 목에 달린 순례자의 형상을 든 소년이 이끄는 행렬이 이어진다. 12일에는 성녀의 기일, 점심 배부, 대성당 미사, 행렬 외에 거행된다.

 Tip

도시 이름과 성장

중세에 산티아고로 가는 순례자들의 상황을 개선하고 순례자 병원, 도로, 다리를 건설하는 데 일생을 바친 신부였던 산토 도밍고(Santo Domingo)의 이름을 따왔다.

12세기 후반, 산토 도밍고(Santo Domingo)가 순례자를 위한 병원과 순례자의 통행을 용이하게 하는 오하 강(Rio Oja) 다리가 만들어지면서 성장했다. 그는 마을을 건설하고 순례자들의 통행을 편리하게 하도록 도로 위에 다리를 건설하고, 순례자가 가는 길에 병원을 세웠다. 순례자가 많아지면서 그들이 머무는 숙소는 마을을 도시로 성장시켰다. 중세 후기에는 중요한 예술적, 종교적, 경제적 중심지가 되었다.

산티아고 순례길을 City & Town

산토 도밍고 데 라 칼사다 대성당
(Santo Domingo de la Calzada Cathedral)

산토 도밍고 데 라 칼사다 대성당Santo Domingo de la Calzada 대성당은 리오하 지역La Rioja 에서 유일한 교회 요새가 된 건축물이다. 대성당 중에서는 아름다운 예배당과 독립된 탑이 눈에 띈다.

간략한 역사

1106년에 축성된 성당은 1232년에 대성당이 되었다. 남쪽에 위치한 문과 연결된 3개의 본당, 부벽 사이의 예배당, 5개의 패널이 있는 8각형 성소와 14세기에 지어진 예배당이 있는 보행로와 회랑을 갖추고 있다.

타워

산토 도밍고 데 라 칼사다 대성당Santo Domingo de la Calzada Cathedral이 가지고 있던 3개의 탑 중 3번째이다. 첫 번째 로마네스크 양식은 13세기 중반에 화재로 파괴되었고, 두 번째는 고딕 양식으로, 세 번째는 바로크 양식으로 지어졌지만 파괴되었다.
이 탑은 대성당의 몸체에서 분리된 탑으로 70m 높이의 라 리오하 지방에서 가장 높은 타워라고 할 수 있다.

성당 내부

내부에는 스페인 르네상스 조각의 가장 아름다운 작품인 제단 장식이 있다. 내부에는 산티아고의 기적을 연상시키는 살아있는 수탉과 암탉이 들어 있는 닭장이 있고, 성자의 무덤인 다미안 포르멘트Damián Forment가 지은 제단화가 있다. 무덤 아래에는 성 요한 복음사Saint John the Evangelist의 부조와 13~15세기의 작품이 새겨져 있는 지하실이 있다.

기적의 수탉과 암탉

전설에 따르면 도밍고 가르시아Domingo García는 실수로 고발된 순례자가 치킨을 날려서 무죄라는 것을 증명했다. 지금도 대성당에는 항상 살아있는 수탉과 암탉이 있다.

산티아고 순례길을 City & Town

 **Tip**

산토 도밍고 데 라 칼사다의 전설

14세기에 독일에서 온 젊은 순례자가 부모와 함께 순례를 왔다가 한 숙소에 머물렀다. 그런데 숙소 주인의 딸이 청년에게 한눈에 반했다. 그녀는 청년에게 구애를 했지만 청년은 거절했다. 화가 난 그녀는 훔친 은잔을 청년의 가방에 감추고 이를 신고했다. 청년의 가방에서 은잔이 발견되면서 청년은 절도죄로 교수형에 처해질 처지에 이르렀다.

슬픔에 잠긴 부모는 기도하는 심정으로 산티아고 데 콤포스텔라까지 순례길을 걸었다. 그런데 순례길을 다 걷고 돌아오는 길에 교수대에 다시 들렀는데, 아들이 여전히 살아 있었다. 중세에는 처형한 사람의 시신을 교수대에 그대로 두는 풍습이 있었기 때문에 찾아온 교수대에 아들은 없었던 것이다. 부모는 지방 재판관에게 달려가 이 사실을 말했다. 그러나 "닭고기를 먹고 있는 그가 당신의 아들이 살아 있다면 이 식탁의 닭들도 살아날 것이다."라고 빈정거렸다.
바로 그때 식탁의 닭들이 접시에서 뛰쳐나와 큰 소리로 울기 시작했다. 이를 본 지방 재판관은 즉시 교수대에서 아들을 풀어 주었다.

10일차 산토 도밍고 데 라 칼사다에서 벨로라도까지 - 23.9km

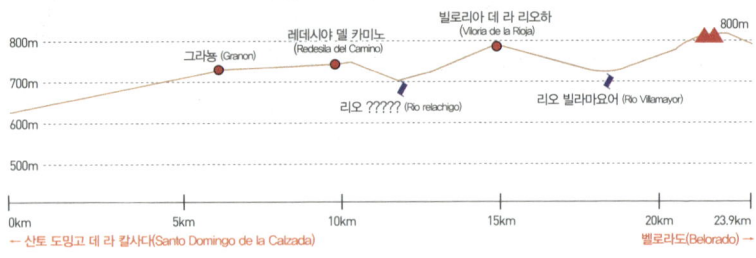

> **이동경로 / 23.9km**
>
> 산토 도밍고 데 라 칼사다(Santo Domingo de la Calzada) – 그라뇽(Granon) – 레데시야 델 카미노(Redesila del Camino) – 빌로리아 데 라 리오하(Viloria de la Rioja) – 비야마요르 델 리오(Villamayor del Rio) – 벨로라도(Belorado)

평지길 (평탄한 길로만 걷는다.)

산토 도밍고 데 라 칼사다^{Santo Domingo de la Calzada}에서 벨로라도^{Belorado}까지 이어진 도로가 N-120도로인데 이 도로 옆을 대부분 걸어 벨로라도^{Belorado}로 들어간다. 그 사이에 벨로라도^{Belorado}는 리오하 주와 카스티야 이 레온 주의 경계선이다.
오늘은 평지길이 대부분이라서 순례자와 가장 많이 이야기하면서 걸을 수 있는 구간으로 서로의 친밀도는 더욱 높아진다.

포도밭의 경작지가 나오는 도로를 12㎞ 정도 걸어가면 이제 N-120도로의 옆으로 걷는다는 것만 기억하자. 도로 옆을 걷는데, 절대 오른쪽으로 도로를 가로질러 가는 경우는 없으니 도로를 오른쪽으로 끼고 계속 걷기만 하면 된다.

산티아고 순례길을 City & Town

산토 도밍고 데 라 칼사다 Santo Domingo de la Calzada 에서
그라뇽(Granon)_7km

그라뇽(Granon)

9세기에 언덕에 성벽이 지어지면서 생겨난 마을은 중세에 산티아고 순례길이 활성화되며 성당과 수도원이 생겨났다. 12세기에 그라뇽 성당 Iglesia de San Juan Bautista 이 건축되고 15~18세기에 증축되어 현재에 이르렀다.

 Tip

발리엔테스의 십자가(Cruz de los Valientes)

산티아고 순례길과 연관된 십자가는 아니다. 19세기 초에 산토 도밍고 데 라 칼사다와 그라뇽 사이에 땅의 소유권에 대한 분쟁이 발생했을 때, 결투를 벌여 그라뇽(Granon)이 승리한 것을 기념해 만든 십자가이다.

산티아고 순례길을 City & Town

그라뇽^{Granon} ➡ 빌로리아 데 라 리오하^{Viloria de la Rioja}
➡ 비야마요르 델 리오^{Villamayor del Rio}에서
벨로라도(Belorado)_16.9km

벨로라도(Belorado)
티론 강^{Rio Tiron}의 에브로 계곡에서 고원으로 이어지는 통로를 통제하기 위해 로마 시대에 정착하여 구시가지는 좁고 구불구불한 거리가 형성되었다. 중세 시대에 순례자들이 머물면서 도시로 성장하였다. 농업과 가축 산맥 사이의 교차로로 사용되던 마을은 9세기에 국경 요새로 커지면서 12세기에 아라곤 왕국에서 자치권을 부여하기에 이르렀다.

Belorado
벨로라도

벨로라도Belorado는 벨로라도, 아벨라노사 데 리오하, 에테르나, 푸라스 데 빌라프랑카, 퀸타날로랑코, 로란킬로, 산 미겔 데 페드로소 등 6개 마을로 구성되어 있다.

벨라라도는 매년 열리는 페리아 알폰시나 축제로 알려진 도시로 마을은 나헤라에서 카미노 데 산티아고 산책로를 따라오는 순례자들이 1년 내내 끊이지 않는 마을이다. 특히 여름에는 순례자들은 많지만 알베르게가 많지 않아 순례자 전용 호텔까지 등장한다.

산티아고 순례길을 City & Town

산 페드로 성당(Iglesia de San Pedro)

중세 시대에 만들어졌지만 18세기에 개, 보수되었다. 본당은 다양한 예배당으로 이어지는 5개의 부분으로 나뉜다. 정면에는 예수 성심을 나타내는 석상이 있고, 내부에는 제단화, 노회 금고의 프레스코화, 여러 개의 제단화, 로코코 양식 오르간과 같은 작품이 있다.

홈페이지_ www.belorado.es/lugares-de-interes/iglesia-de-san-pedro 주소_ 09250 Belorado
전화_ +34 947580815

산타 마리아 성당(Iglesia de Santa Maria)

요새 밑에 세워진 본당은 16세기에 건축이 본격적으로 시작되어 탑과 정면 부분이 1901년에 재건축되었다. 전체적으로 4개의 경당이 있고, 내부에는 주제단과 로마네스크 성모상의 제단화가 있다.

마요르 광장(Plaza Mayor)

조용한 도시에는 2천 명이 넘는 시민들이 살고 있는데, 넓은 마요르 광장에 가면 시청을 보고 도시의 규모를 알 수 있다. 중세 아케이드가 있는 상점과 카페와 바Bar, 레스토랑, 순례길 물품을 파는 상점들이 줄지어 서 있다.
처음에는 동굴과 계곡 위에 마을이 형성되었지만 마요르 광장을 조성하고 성당이 들어서면서 마을은 도시로 성장하였다.

파에야(Paella)란?

파에야Paella는 쌀과 고기, 해산물, 채소를 넣고 만든 스페인의 쌀 요리로 사프란이 들어가 특유의 노란색을 띈다. 아랍세계의 지배를 받던 중세시대에 쌀이 스페인으로 처음 유입되면서 파에야와 유사한 음식을 먹기 시작한 이후, 지금의 파에야 명칭은 19세기에 들어서부터 부르기 시작했다.

파에야의 기원
사람들이 많이 모이는 행사에서 쌀, 생선, 향신료를 넣은 요리를 만들어 먹은 것에서 유래했다는 설과, 왕족의 연회에서 남은 음식을 이용해 신하들이 오늘날의 파에야와 비슷한 음식을 만들어 먹은 것에서 시작되었다는 설이 있다.

파에야를 만드는 방법
빠에예라Paellera라는 넓은 팬에 고기를 먼저 볶다가 양파, 토마토, 마늘 등을 넣어 볶은 후 물을 부어 끓기 시작하면 쌀과 사프란Saffron을 함께 넣어 만든다. 쌀을 팬에 얇게 펴서 바닥은 눌어붙게 하고 위는 질척하지 않게 조리해야 파에야 특유의 맛이 우러난다.

11일차 벨로라도에서 아헤스까지 - 27.7km

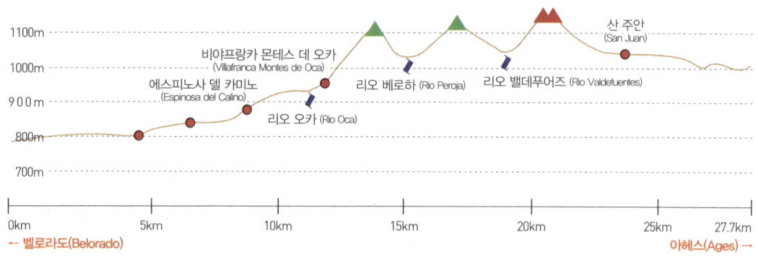

이동경로 / 27.7km

벨로라도(Belorado) - 에스피노사 델 카미노(Espinosa del Calino) - 비야프랑카 몬테스 데 오카(Villafranca Montes de Oca) - 죽은 자를 위한 기념비(Monumento a los Caidos) - 산 후안 데 오르테가(San Juan de Ortega) - 아헤스(Ages)

평지길 (평탄한 길이지만 걷는 거리가 길다.)

오늘은 먼저 걷는 거리가 길기 때문에 오랜 시간 동안 서 있어야 한다는 사실을 인지하고 걷기 시작하는 것이 좋다. 또한 마을이 나타나도 먹을 카페나 바^{Bar}가 없을 수도 있으니 사전에 먹거리도 준비하자.

산티아고 순례길을 City & Town

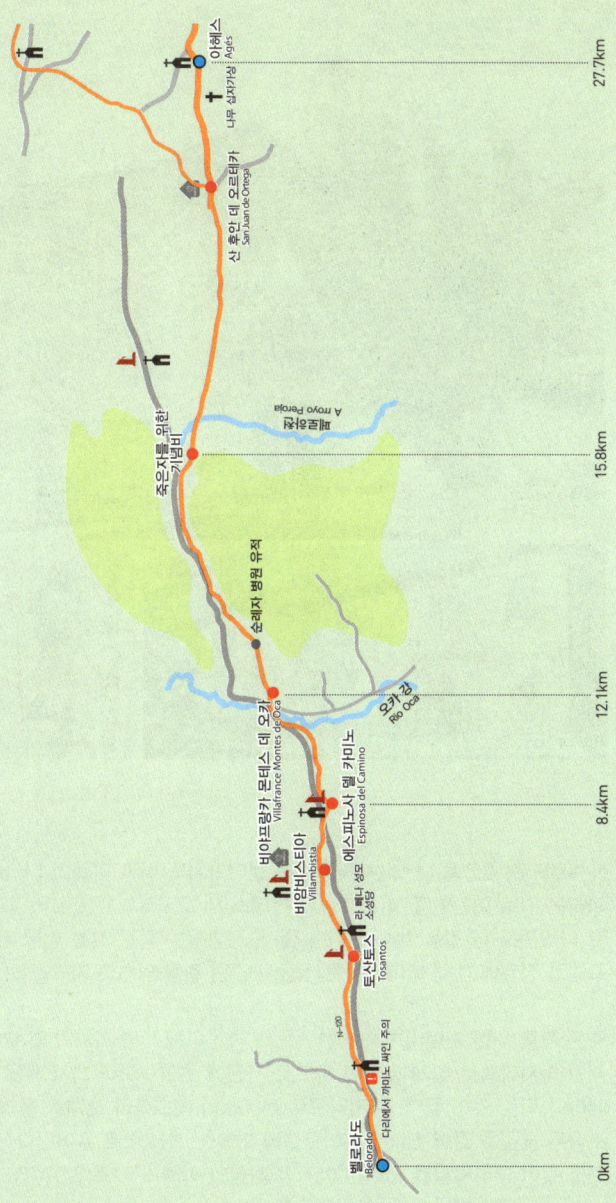

N-120도로 옆으로 나 있는 시골길을 걸어가기도 하고 마을이 나타나면 마을을 통과하는 길로 이동한다. 비야프랑카 몬데스 데 오카부터는 오르막길과 소나무 숲 길로 나 있는 시골길을 계속 걸어야 한다. 사람들은 죽은 자를 위한 기념비가 나오면 프랑코 정권에 대해 이야기하면서 잠시 걷던 길을 멈추고 기도를 하고 지나간다.

죽은 자를 위한 기념비Monumento a los Caidos부터 아헤스Ages까지의 약 12km는 어렵지 않지만 마지막으로 길게 걸어야 하므로 사전에 초콜릿이나 과자 등을 준비해 출출할 때마다 먹는 것이 좋다. 마지막으로 1,100m의 페드라하 고개로 올라가면 이어지는 소나무 숲길을 걸어 산 후안 데 오르테가San Juan de Ortega로 들어간다. 숲을 나와 경작지를 걸어 내리막길을 건너면 마지막 지점인 아헤스Ages로 갈 수 있다.

벨로라도Belorado – 에스피노사 델 카미노Espinosa del Calino에서
비야프랑카 몬테스 데 오카
(Villafranca Montes de Oca)_12.1km

비야프랑카 몬테스 데 오카(Villafranca Montes de Oca)

오르막길을 따라 올라가면 길게 이어진 중앙로에 양 옆으로 만들어진 집들이 늘어서 있다. 9세기부터 순례자들이 지나가면서 생겨난 마을은 초기에 아우카Auca라고 불리며 나바라 지방의 자치구인 '비야프랑카'라는 이름이 덧붙여졌다.

언덕에 위치한 마을은 순례자를 보호하는 마을로 산티아고 성당Iglesia Romanica de Santiago el Mayor이 지어지고, 14세기에 엔리케 2세 왕의 아내인 도나 후아나 마누엘Dona Juana Manuel의 지시로 순례자 숙소이자 구호시설인 성 안톤 아바드San Anton Abad가 추가로 건축되었다.

비야프랑카 몬테스 데 오카^{Villafranca Montes de Oca} — 죽은 자를 위한 기념비^{Monumento a los Caidos} — 산 후안 데 오르테가^{San Juan de Ortega}에서
아헤스(Ages)_15.6km

산티아고 순례길을 City & Town

죽은 자를 위한 기념비(Monumento a los Caidos)

스페인 내전 당시에 전사한 사람들을 기리는 기념비인데 프랑코 정권에 맞서 스페인 북부 사람들은 특히 격렬하게 저항하였다. 내전에서 밀리게 된 반군들은 점차 숲으로 숨어들었는데 이곳이 그 중에 하나였다. 순례자들이 기념비를 보면서 기도를 올리고 참상에 대해 이야기하는 모습을 볼 수 있다.

산 후안 데 오르테가(San Juan de Ortega)

산 후안 데 오르테가^{San Juan de Ortega}는 부르고스 지방에 위치한 마을로, 카스티야 이 레온 주에 위치해 있다. 산 후안 데 오르테가^{San Juan de Orteg}는 일생 동안 도로와 다리 건설을 하는 순례자들을 돕는 일에 전념했던 인물로 알려져 있다. 6월 2일에는 산 후안 데 오르테가^{San Juan de Ortega}축제가 매년 그를 기리기 위해 거행된다.

 Tip

산 후안 데 오르테가(San Juan de Ortega)

산 후안 데 오르테가(San Juan de Ortega)는 역사에 기록된 종교인 '후안 데 벨라스케스(Juan de Velázquez)'를 말한다. 그는 1080년 부르고스(Burgos)의 케인타나오르투뇨(Quintanaortuño) 마을에서 태어났다. 그는 산토 도밍고 데 라 칼사다(Santo Domingo de la Calzada)와 협력하여 라 리오하(La Rioja)의 다리를 건설, 수리하고 성지 순례를 했으며, 명예 예배당을 지을 것을 약속하고 1114년 돌아왔다.

그는 1163년 6월 2일에 사망했지만 수도원 단지를 통합하기 위해 계속 통합작업은 이어졌다. 그의 업적은 산 니콜라스 데 바리(San Nicolás de Bari)에 헌정된 교회와 작은 수도원의 건설로 후대에 이어졌다.

산티아고 순례길을 City & Town

산 후안 데 오르테가 성당 Iglesia de San Juan de Ortega

작은 병원과 함께 산 후안 데 오르테가 San Juan de Ortega 성당이 시작되어 이후, 산 니콜라스 San Nicolás 예배당이 지어졌다. 순례자가 늘어나면서 예배당 옆에 작은 순례자 숙소가 생겨났다. 후안 데 오르테가 Juan de Ortega가 사망했을 때 그의 유물을 보관하는 장소로 사용되었다.

외부

성당은 로마네스크 양식으로 12세기 후반에 지어졌으며, 15세기 중반에 본당 부분으로 확장되었다. 3개의 본당 평면도, 회랑, 등이 있다. 외관은 3개의 반원통형으로 형성되었는데, 남쪽 부분에는 내부의 빛을 보장하는 큰 입구가 있다.

정면은 15세기 후반, 단순한 뾰족한 아치로 구성되어 있으며 백합 문양과 가문의 문장을 보여주고 있다. 17세기에 건축된 회랑은 교회의 북쪽으로 확장되어 문으로 이어진다. 사각형 평면도와 함께 4면에 아케이드 주변에 갤러리가 있으며, 갤러리는 2개 층에 7개 아치로 형성되어 있다.

내부

3개의 아치 기둥은 로마네스크 양식이지만, 본당에 고딕 양식이 뚜렷하게 나타나 있어 높이에서 양식적 변화를 확인할 수 있다. 빛이 성당 내부로 들어오는 부분을 정확하게 나타내도록 지어졌는데, 3월 21일과 9월 22일 춘분에 지는 태양 광선이 창을 통해 직접 내리쬐며 조각된 장면을 약 5분 동안 비추게 된다.

교회 중앙에는 제단이 있으며 그 아래에는 15세기에 제작된 산 후안 데 오르테가(San Juan de Ortega)의 석관이 있는 지하실이 있다. 주각에는 성인의 삶과 관련

된 부조가 있으며 그 위에 누운 그의 모습이 놓여 있다.
주목할 만한 것은 12세기 말의 로마네스크 양식의 석관으로, 한 번도 사용되지 않은 일련의 조각 장면이 있다. 2개의 제단에는 남쪽에 16세기 중반의 작품인 성 제롬의 제단화가 있는데, 성자의 삶의 장면을 이야기하고 있고, 왼쪽 뒤에는 최후의 심판을 묘사한 제단화가 있다.

12일차 아헤스부터 부르고스까지 - 20.8km

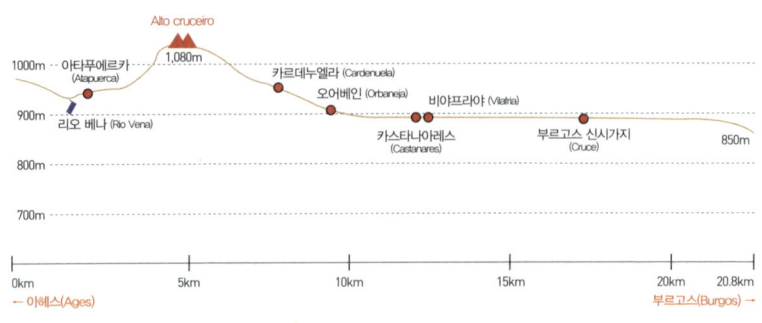

이동경로 / 20.8km

아헤스(Ages) - 아타푸에르카(Atapuerca) - 카르데누엘라(Cardenuela) - 비야프리아(Vilafria) - 부르고스 신시가지(Cruce) - 부르고스(Burgos)

부르고스 시내로 들어가는 길 (시내가 가까울 것 같지만 가깝지 않다.)

오늘 걷는 구간은 정말 지루하다. 어제 27km를 넘게 걸었기 때문에 체력도 부담이 되는 데, 오늘의 구간은 스페인 북부의 대도시인 '부르고스Burgos'를 들어가야 하기 때문에 걷는 거리의 대다수는 부르고스Burgos에 접근하는 거리이다.

그렇다고 부르고스를 포기하기에는 '부르고스Burgos'가 너무 아름다운 도시이므로 포기할 수 없다. 차량과 인접하여 걷기 때문에 걸으면서 차도로 들어가서 차량을 못 보는 상황을 조심해야 한다.

또한 화살표를 잘 보지 않으면 다른 도로로 잘못 들어설 수도 있다. 다만 부르고스Burgos에 도착하여 대성당 옆에 있는 알베르게에 도착하는 순간 대성당을 보면서 오늘의 피로를 잊을 수 있을 만큼 매력적인 도시가 기다리고 있다.

산티아고 순례길을 City & Town

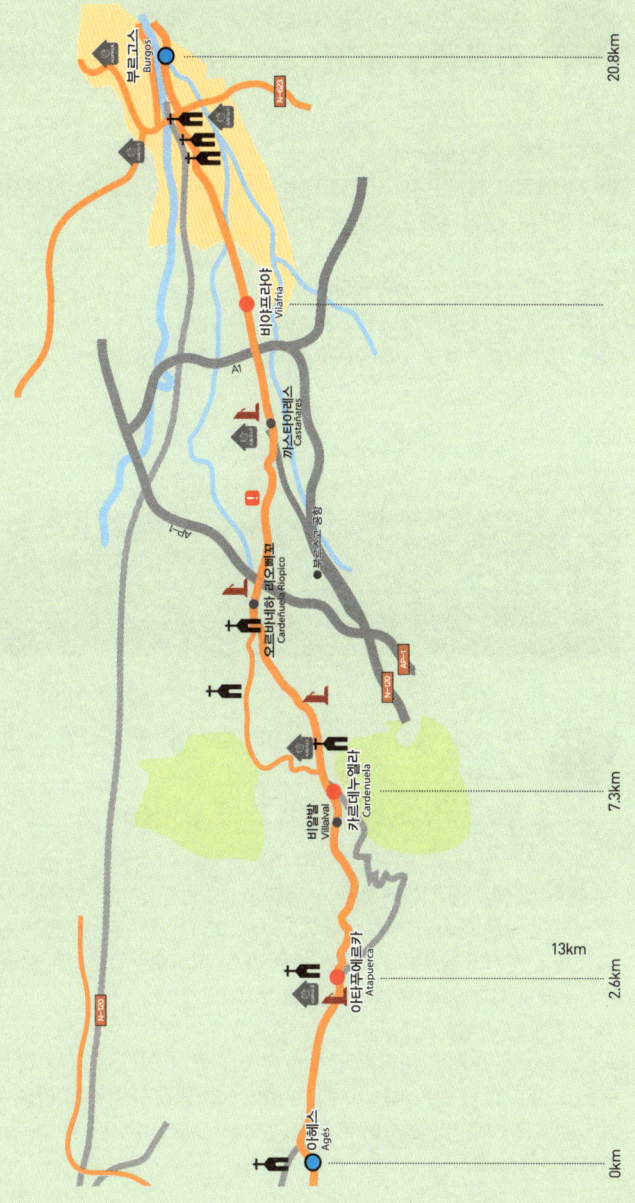

아헤스Ages → 아타푸에르카Atapuerca에서
카르데누엘라(Cardenuela) _7.3km

아타푸에르카(Atapuerca)
아타푸에르카 평원은 이 지역의 대표적인 곳으로 큰 평야가 펼쳐져 있다. 낮은 언덕이 있지만 평야인지 혼동될 수 있다.

푼토 데 비스타(Punto de Vista)
아타푸에르카 평원이 끝나면 1,070m의 언덕이 나오는데 정상에 십자가가 있다. 이곳을 지난 순례자들을 위해 십자가를 세워 순례자들의 행운을 기원하는 것이다.

카르데누엘라Cardenuela → 비야프라야Vilafria → 부르고스 신시가지Cruce에서
부르고스(Burgos) _13.5km

스페인 북부의 고원지대에 있는 부르고스는 알란존 강Rio Arlanzón이 내려다보이는 성곽 언덕의 낮은 경사면에 위치해 있다. 부르고스는 인구가 20만 명도 안 되는 작은 도시이다. 하지만 11년부터 400년 동안 카스티야 레온 왕국의 수도였다. 게다가 레콩키스타의 최고 영웅인 엘 시드의 고향이기도 하다.

부르고스에는 도시 규모답지 않게 많은 유적들이 있다. 중세 시대에 도시의 관문 역할을 한 우아한 산타 마리아 문, 로마네스크 양식의 회랑이 아름다운 라스 우엘가스 수도원, 제단의 조각이 유명한 미라플로세스 수도원 등 매력적인 건축물로 가득한 도시이다.

Burgos
부르고스

순례자들은 산티아고 데 콤포스텔라 대성당으로 향하기 위해 수백 년 동안 역사적인 산티아고 순례길을 따라 부르고스에 들렀다. 도시로 들어가는 길은 부르고스의 산업 지대를 통과하기 때문에 가치가 없지만 부르고스를 떠나 레온으로 가는 길에 구불구불한 밀밭을 지나 동쪽으로 바람을 쐬면서 순례길의 일부를 확실히 걸을 수 있다.

간략한 카스티야 왕국의 수도, 부르고스(Burgos) 역사

884년에 도시로 형태를 갖춘 부르고스Burgos는 1037년에 카스티야 왕국의 수도가 되었고, 국토 외복운동Reconquista이 완료되던 1492년에 카스티야 이 레온Castille y Leon 연합 왕국의 수도였다. 16세기에는 부르고스Burgos가 양모 산업의 중심지로 성장했지만, 중앙 정부가 마드리드로 옮겨간 17세기부터 쇠퇴하기 시작했다.

카스티야 무역의 쇠퇴와 함께 부르고스는 18세기 샤를 3세 치하에서 부활할 때까지 쇠퇴했다. 1808년, 프랑스와의 반도 전쟁에서 프랑스군은 부르고스에서 스페인군을 물리쳤다. 프랑스군은 차례로 1812년 도시에서 영국군에 의해 포위당했고 결국 1813년에 점령당했다.

스페인 내전이던 1936~1937년에는 프랑코 장군 측의 본거지이기도 했다. 프랑코는 스페인 내전 동안 부르고스Burgos의 이미지를 보수적인 가톨릭주의의 중심지로 만들었다. 프랑코 독재 정권 때 세운 직물, 화학, 고무 공장 덕분에 부르고스Burgos는 지금도 스페인에서 중요한 산업 도시로 남아 있다.

산티아고 순례길을 City & Town

산 페드로 이파블로(San Pedro y Pablo) 축제

부르고스는 스페인의 고딕 도시의 수도라고 할 정도로 민족주의적인 건축을 대표하는 도시이다. 1938년까지는 프랑코 정부의 근거지로 인구가 지속적으로 증가하여 20만 명에 이를 정도로 종교적이고 정치적인 이미지를 가지고 있었다.

도시의 방어 탑이라는 뜻의 부르고스 Burgos는 엘 시드 장군의 고향으로 6월 29일에 속한 주에는 주요 축제인 산 페드로 이 파블로 San Pedro y Pablo 축제를 즐긴다.

205

부르고스 대성당(Iglesia de Santa Maria de Burgos)

우리가 부르고스로 가는 이유는 오로지 대성당을 보기 위해서다. 장엄한 건축물과 인상적인 첨탑, 대성당 주변의 중세풍 거리는 항상 사람들로 북적인다. 부르고스 대성당은 크기로만 따지면 스페인에서 세비야와 톨레도에 이어 3번째이다. 하지만 규모, 아름다움, 예술적 가치 등 모든 것을 종합할 때 부르고스 대성당이 스페인의 최고 성당이라는 데, 이의를 제기할 사람은 거의 없다.

13세기 건축물인 산타 마리아 대성당Cathedral de Santa Maria은 세계 문화유산으로 등재되었다. 스페인의 무수한 대성당들 중에서도 가장 아름답고 큰 세비야 대성당 다음으로 크다. 고딕 형식의 건축물이지만, 다른 양식도 많이 결합되어 있으며 수세기에 걸쳐 뛰어난 건축가들에 의해 아름답게 장식되었다.

홈페이지_ www.catedraldeburgos.es **주소_** Plaza Santa Maria, s/n. 09003
시간_ 9시 30분~19시 30분(3월 중순~10월 말 / 이외는 10~19시 / 1시간 전까지 입장)
전화_ +34 661535683/ +34 947204712

집중 탐구

1221년 건축을 시작, 약 300년에 걸쳐 독일, 프랑스 등 세계 각지에서 온 건축가와 예술가들이 총력을 기울여 만든 고딕 양식의 최고 걸작품이다. 대성당은 건축의 우아함과 조화가 탁월하며, 대성당 건물만으로도 유네스코 세계 문화유산으로 지정된 스페인 유일의 대성당이다.

고딕 양식이지만 대성당은 1221~1795년까지 지속된 기간에 걸쳐 지어졌다는 점을 감안할 때 다른 예술적 스타일을 보여준다. 외관은 별표가 있는 장미창과 조각상 갤러리가 있는 푸에르타 델 페르돈(Puerta del Perdón)이다. 그 양쪽에는 84m 높이의 탑이 있으며, 석조 트레이서리와 함께 장엄한 15세기 첨탑으로 장식되어 있다.

내부

가장 아름다운 조각품은 푸에르타 델 사르멘탈(Puerta del Sarmental) 파사드에서 찾을 수 있으며, 사도와 복음 전파자들에 둘러싸인 판토크라토르(Pantocrator)의 이미지가 있다. 내부에는 아름다운 금고로 덮인 본당의 돔이 있고, 그 아래에는 "엘 시드 캄피도르(El Cid Campeador)"로 알려진 로드리고 디아스 데 비바르(Rodrigo Díaz de Vivar)와 그의 아내 도냐 히메나(Doña Jimena)의 유해가 있다.

또한 그 옆으로는 디에고 데 실로에(Diego de Siloé)의 아름다운 황금 계단인 에스칼라라 도라다(Escalera Dorada)가 있다. 이 계단은 16세기에 건축되었으며 이탈리아 르네상스에서 영감을 받았다. 대성당의 측면 본당에는 19개의 예배당이 있으며, 귀중한 예술 작품도 있다.

주제단화 　　　　　　　　황금계단

엘시드의 무덤

산티아고 순례길을 City & Town

마요르 광장(Plaza Mayor)

카페에서 시원한 맥주나 카페 콘 레체$^{cafe\ con\ leche}$ 한 잔을 마시며 시청사와 사방에 페인트칠이 된 오래된 건물을 보면서 쉴 수 있다. 몇 걸음만 가면 미오 시드 광장 $^{Plaza\ Mio\ Cid}$이 나온다. 이곳에는 스페인 영웅 동상이 말을 타고 알란존 강$^{Rio\ Arlanzón}$을 가리키는 동상이 있다.

푸엔테 데 산 파블로에서 몇 분 동안 머물면서 강과 푸른 강둑을 감상한 후 도시의 가장 오래된 지역으로 몸을 숙이고 팔로마 거리$^{Calle\ Paloma}$와 랭 칼보 거리$^{Calle\ de\ len\ Calbo}$에서 다양한 상점과 레스토랑을 만날 수 있다.

카사 델 코르돈(Casa del Cordon)

리베르타드 광장Plaza de la Libertad에는 카스티야에서 파견된 고위직을 위해 지어진 15세기 궁전이 있다. 그 이름은 건물 정문 위의 돌로 조각된 프란체스코회 코드에서 따왔다. 현재, 궁전은 1층에 은행이 있고 위층에 전시 공간이 있다.

건물이 지어진 지 얼마 되지 않아 가톨릭 군주 페르난도 2세와 이사벨 1세가 1497년 두 번째 신대륙 항해에서 돌아온 크리스토퍼 콜럼버스를 바로 이곳에서 맞이했다. 나중에 펠리페 1세Felipe I 왕은 ○○○의심되는 중독으로 궁전에서 사망했으며, 나바라 왕국은 1515년 이곳에서 공식적으로 카스티야 왕국으로 통합되었다.

산티아고 순례길을 City & Town

산타 마리아 성문(Arco de Santa Maria)

꼭대기에 포탑이 있는 인상적인 15세기 개선문은 도시로 향하는 12개의 원래 중세 관문 중 하나였다. 산타 마리아 성문은 산타 마리아 다리에서 남쪽 입구를 지키고 있다. 아래에는 6개의 골방이 있으며, 각 골방은 도시의 과거의 핵심 인물에게 헌정되었다. 내부에는 1780년까지 부르고스 공의회가 열렸던 곳으로 천장과 아케이드, 갤러리가 있는 방이 있다.

13일차 부르고스에서 오르니요스까지 - 20.5km

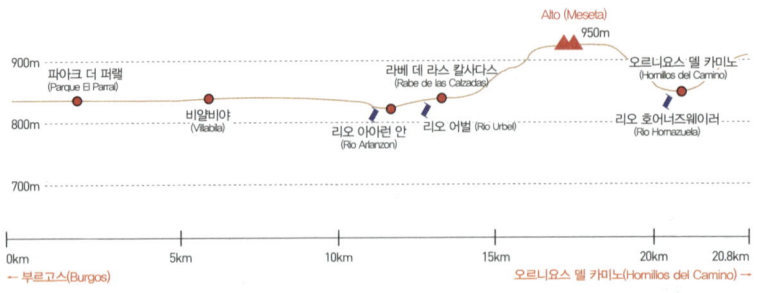

> **이동경로 / 20.5km**
>
> 부르고스(Burgos) – 비얄비야(Villabila) – 타르다호스(Tardajos) – 라베 데 라스 칼사다스(Rabe de las Calzadas) – 오르니요스 델 카미노(Hornillos del Camino)

평지길 (바람이 강하다.)

부르고스 시내에서 산티아고 순례길을 따라가는 것은 표시가 잘 되어 있지 않아서 혼동된다. 그러므로 사전에 가는 위치를 확인하고 출발할 필요가 있다. 부르고스 대성당의 오른쪽 길을 따라 걸어가야 한다. 이후에 우엘가스 수도원, 파랄 공원, 부르고스 대학교를 지나간다. 이후에는 고가를 넘고 도로(N-120) 밑으로 이어진 도로(A-231)를 따라가는 데, 표시가 잘 되어 있어 이동이 어렵지 않다. 이후에 라베 데 라스 칼사다스부터 스페인 북부의 메세타 평야지대를 걷는다. 오르막이 있지만 완만하여 걷는 것은 어렵지 않으나 그늘이 없어서 사전에 모자, 물, 간식 등을 챙기는 것이 좋다.

산티아고 순례길을 City & Town

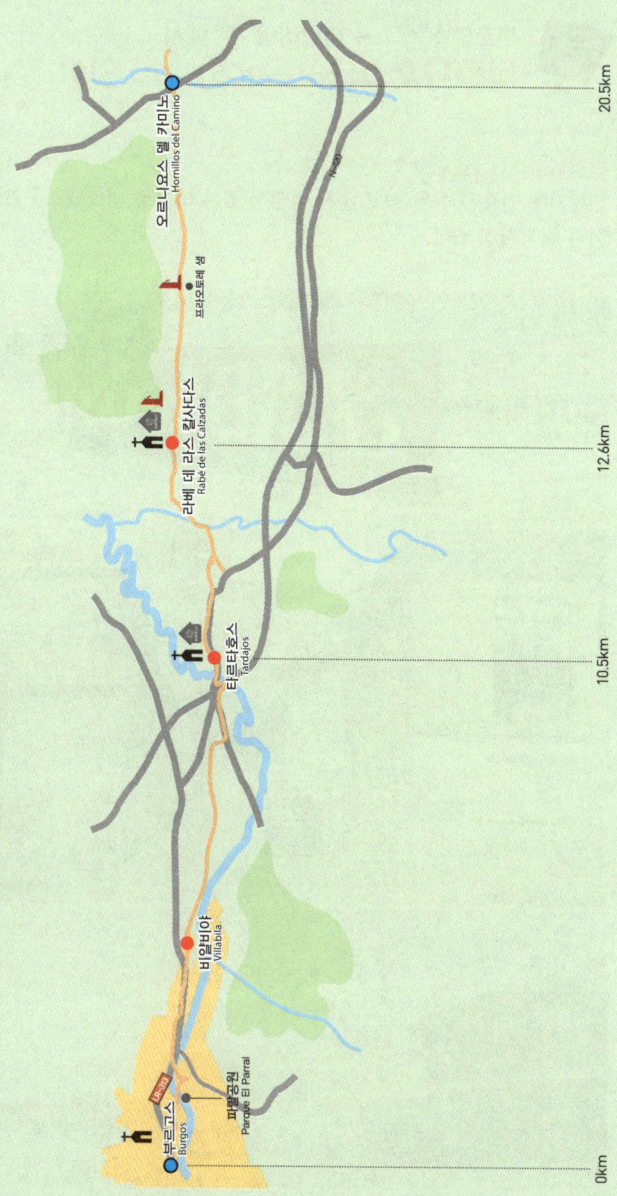

부르고스^{Burgos} ➜ 비얄비야^{Villabila}에서
타르다호스(Tardajos) _10.5km

타르다호스(Tardajos)
18세기에 건축된 작은 성모 승천 성당이 있는 마을로 부르고스^{Burgos}에서 10㎞를 걸어야 도착하게 된다.

산티아고 순례길을 City & Town

타르다호스^{Tardajos} ➔ 라베 데 라스 칼사다스^{Rabe de las Calzadas}에서
오르니요스 델 카미노
(Hornillos del Camino) _7.9km

메세타 평야지대(Meseta Central, Meseta)
스페인의 이베리아 반도 한가운데 있는 600m 이상의 고원지대로 산으로 둘러싸여 있으며 서쪽으로는 완만하여 강으로 흘러들어가게 된다. 산티아고 순례길이 부르고스^{Burgos}를 지나면서 중부지대와 겹치는 지역을 걷게 된다. 메세타 평야의 넓은 평지를 걷게 되는 데 이곳이 스페인의 대표적인 곡창지대이다.

스페인 북부의 라 리오하^{Ra Rioja} 지방은 와인으로 유명한 포도밭 지역이지만 부르고스를 지나면 메세타 곡창지대라는 사실을 분리해 기억하는 것이 평지를 걸어서 같아 보이지만 차이가 있다는 것을 알 수 있을 것이다.

오르니요스 델 카미노(Hornillos del Camino)

'화로'라는 뜻의 오르노horno와 '작은'이라는 뜻의 이오스illos가 합쳐져 만들어진 마을은 오랜 시간 동안 순례자의 마을로 알려져 있다. 메세타 평야 지대의 작은 언덕에 만들어진 중세풍의 마을은 중앙에 산타 마리아 성당Iglesia de Santa Maria이 있고 광장에는 닭이 서 있는 조각상이 있다.

14일차 오르니요스부터 카스트로헤리스까지 - 21.2km

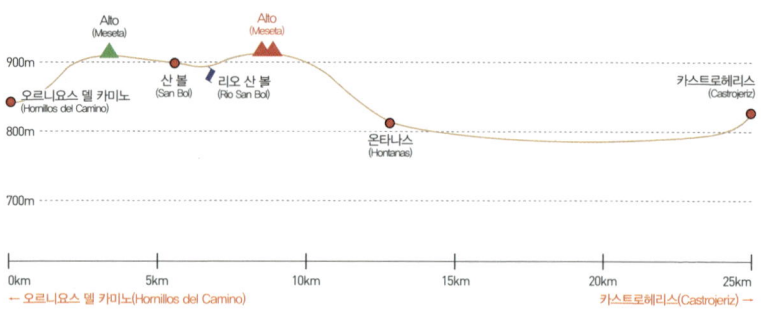

이동경로 / 21.2km

오르니요스 델 카미노(Hornillos del Camino) - 산 볼(San Bol) - 온타나스(Hontanas) - 산 안톤 아치(Arco de San Anton) - 카스트로헤리스(Castrojeriz)

완만한 오르막길 (길이 맞는 지 의심이 생길 수 있다.)

마을을 가로질러 지나가면 오르막길이 나온다. 아침 일찍 걸어가기에 부담스러울 수 있지만 산 볼 강이 나오고 알베르게가 왼쪽에 보이면 내리막길이다. 계곡을 지나면서 다시 오르막길이다.

오르막길은 완만하여 힘든 편은 아니므로 걱정할 정도는 아니다. 이후부터는 내리막길과 평지길이다. 메세타 평야가 얼마나 넓고 풍요롭게 곡식을 제공할 수 있는 지 직접 경험할 수 있다.

산티아고 순례길을 City & Town

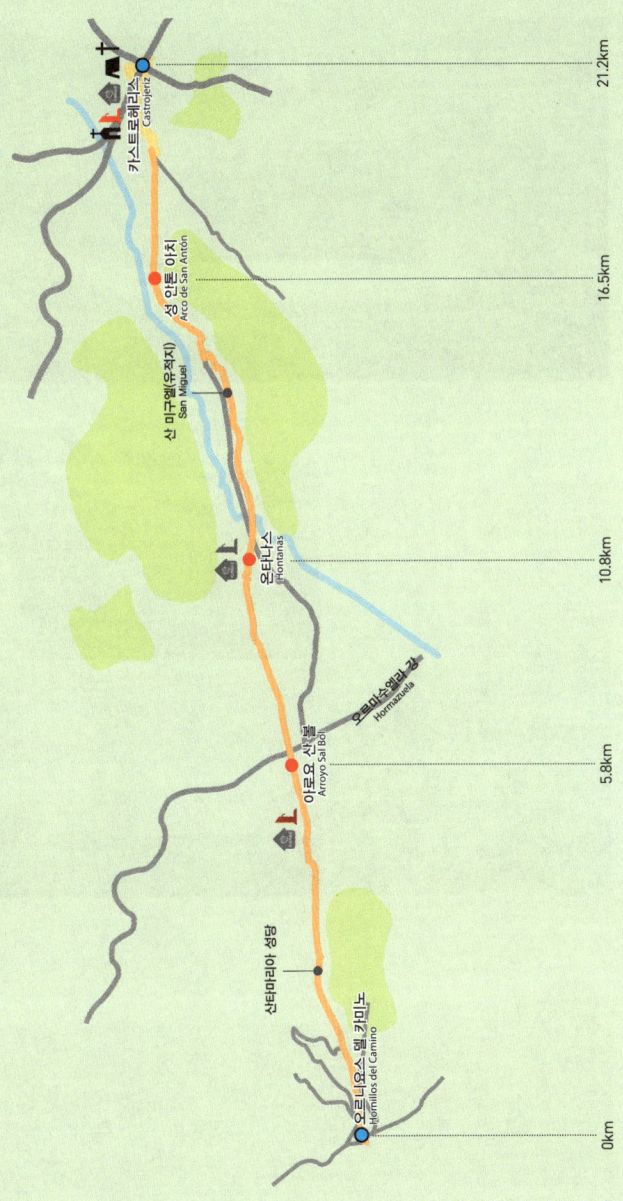

 Tip

햇빛을 가리자!

오르막이 있지만 완만하여 걷는 것은 어렵지 않으나 그늘이 없어서 사전에 모자, 물, 간식 등을 챙기는 것이 좋다. 특히 12시 이후에는 햇빛이 강하여 여름에는 일사병을 일시적으로 겪을 수 있다.

산티아고 순례길을 City & Town

오르니요스 델 카미노 Hornillos del Camino ➜ 산 볼 San Bol
➜ 온타나스 Hontanas 에서
안톤 아치(Arco de San Anton)_16km

산 안톤 아치(Arco de San Anton)

순례자를 위해 빵을 남겨놓는 산 안토의 아치 Arco de San Anton 는 입구부터 고딕 양식의 수도원 잔해가 보인다. 11세기에 프랑스에서 시작한 안토니네 기사단의 수도원은 구호시설의 역할도 수행하였다.

카스티야 왕국의 페드로 1세 때는 궁전과 정원으로 사용하기도 하였다. 그 후 폐허가 되었고, 14세기에 다시 건축된 후 사용되다가 18세기에 폐쇄되었다. 성당은 넓은 실내에 장미창의 보물인 조가비로 만든 스테인드글라스가 성당 내부를 빛내고 있다. 성당의 바로크식 제단은 성 요한 성당에 보존되어 있다.

산 안톤 아치 Arco de San Anton 에서
카스트로헤리스(Castrojeriz)_5.2km

카스트로헤리스(Castrojeriz)

로마 시대와 서고트 시기부터 요새로 만들어진 도시는 882년 전쟁이 시작되면서 요새로 피난하면서 도시는 커졌고 국토회복운동의 중추역할을 하였다. 12세기에는 카스티야 왕국에 합병되었다. 약 1㎞에 이어진 가운데로 도로를 만들어 성당, 수도원, 상점들이 늘어서 있다.

산티아고 순례길을 City & Town

만사노 성당(Colegiata de la Virgen del Manzano)

13세기에 100년이 넘도록 건축이 이어지면서 로마네스크 양식과 고딕 양식이 결합된 성당이다. 사과나무라는 뜻의 '만사노Manzano'의 성모상은 금색으로 칠해진 바로크 양식의 제단화에 천사가 마리아에게 예수를 잉태할 것이라는 소식이 전해지는 장면이 그려져 있다.

산토 도밍고 성당 (Iglesia de Santo Domingo)

알바르게를 찾아가는 도로를 따라가면 오른쪽 길에 보이는 성당은 16~17세기에 지어졌는데, 현재 카스트로헤리스 박물관으로 사용되고 있다.

파괴된 성터

9세기에 지어진 성은 국토회복운동 당시에 이슬람 세력과의 전쟁에서 중요한 역할을 하였다. 성 위에 올라가면 메세타 평야 지대의 아름다운 풍경을 볼 수 있다. 순례자들이 맥주를 즐기면서 앉아 이야기를 하며, 해지는 풍경을 본다면 올라가는 동안의 피로를 잊게 해준다.

15일차 카스트로헤리스부터 프로미스타까지 - 25.5km

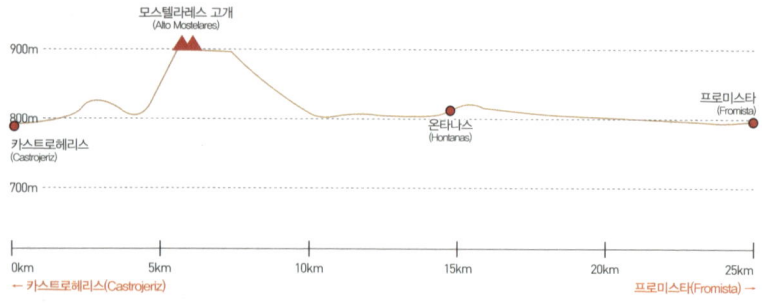

이동경로 / 25.5km

카스트로헤리스(Castrojeriz) – 모스텔라레스 고개(Alto Mostelares) – 피오호 샘(Fuente de Piojo) – 에테로 데 라 베가(Itero de la Vega) – 보아디야 델 카미노(Boadilla del Camino) – 프로미스타(Fromista)

오르막길+ 평지길 (고개만 지나면 힘들지 않다.)

모스텔라레스 고개를 건너갈 때만 오르막이고 이후에는 평지이다. 언덕을 넘기는 힘들지만 전망대에서 아침에 해가 뜨는 장면을 보는 즐거움은 꽤 크다. 고개를 오른 후에 높은 위치에서 해 뜨는 장면을 보는 것은 오를 때의 어려움을 상쇄시켜 줄 만하다.

이후에는 내리막길이 완만하게 펼쳐지는데 내려가면서 보는 고개의 모습도 상당히 아름답다. 소로길을 걸어가면 부르고스 주와 팔렌시아 주의 경계지점이 나온

산티아고 순례길을 City & Town

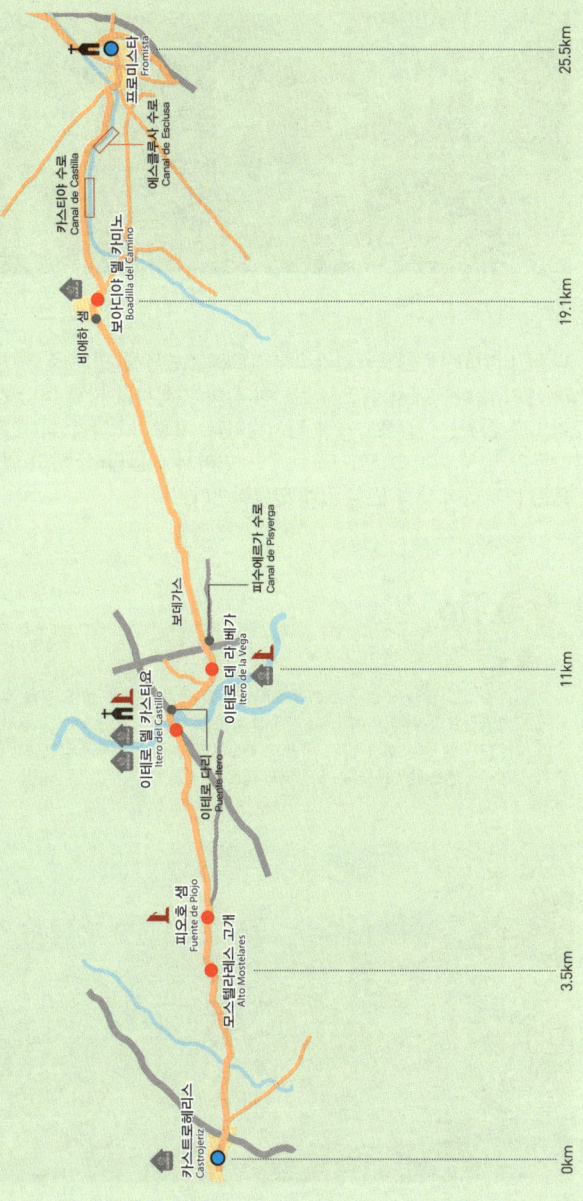

225

다. 산티아고 데 콤포스텔라까지 400㎞ 초반대를 향해 걸어가면 된다. 이테로 데 라 베가의 바Bar에서 쉬면서 간단하게 아침 식사를 하고 떠나보자. 보아디야 델 카미노로 향하는 지점은 거의 평지길이다. 프로미스타를 향해 가는 길은 양쪽으로 나무가 펼쳐지고 그 안으로 수로가 있어서 아름답다. 특히 가을에는 노란색으로 물든 나무들이 더욱 인상 깊게 만들어준다.

Tip

일출 보기

어차피 출발을 할 거라면 모스텔라레스 고개에 올라 일출을 보는 것을 추천한다. 겨울이 아니면 오르막길을 걸어서 땀이 나기 때문에 일출을 보면서 땀도 식히고 내리막길로 내려갈 수 있다. 대한민국에서는 보기 힘든 대평야 지대의 일출은 이국적인 장면을 연출한다. 또한 산티아고 순례길의 중반을 넘어가는 시점에서 많은 생각을 해볼 수 있는 시간이기도 하다.

산티아고 순례길을 City & Town

 카스트로헤리스^{Castrojeriz} ➔ 모스텔라레스 고개^{Alto Mostelares}
➔ 피오호 샘^{Fuente de Piojo}에서
이테로 데 라 베가(Itero de la Vega)_11km

모스텔라레스 고개(Alto Mostelares)

모스텔라레스 고개^{Alto Mostelares}는 부르고스 주에서 팔렌시아 주로 이동하게 되는 마지막 언덕이다. 이 언덕에서 메세타 평야를 일출과 함께 드넓게 펼쳐진 대평야의 광대함을 느낄 수 있는 장소이다.

마을을 가로질러 끝이 나면 포장도로가 짧게 이어지고 오드리야 강^{Rio Odrilla}을 건너게 된다. 이제부터 모스텔라레스 고개^{Alto Mostelares}에 올라가야 한다. 모스텔라레스 고개^{Alto Mostelares}는 특히 일출 때 이국적인 장면이 오랜 잔상에 남을 것이다.

 Tip

팔렌시아(Palencia) 주

팔렌시아 주로 들어가면 느껴지는 평야 지역에 와인과 밀 등을 생산한다는 사실을 직접 볼 수 있다. 팔렌시아 주는 대부분 지역이 건조한 특성을 가지고 있다. 스페인에서 도시화가 안 된 대표적인 주이지만 와인이나 다른 작물이 많아서 풍요롭게 살아간다.

에테로 데 라 베가 Itero de la Vega
→ 보아디야 델 카미노 Boadilla del Camino 에서
프로미스타(Fromista)_14.5km

보아디야 델 카미노(Boadilla del Camino)
17세기에 지어진 성모 승천 성당은 18세기에 만들어진 제단화가 유명하다. 성당 옆에는 16세기 초에 5각형으로 된 고딕양식의 돌기둥이 있다. 장미와 조가비 문양으로 장식되어 화려한 모습이다.

카스티야 운하(Canal de Castilla)
스페인 내륙에서 북부 항구로 상품을 운반하기 위해 건설된 카스티야 운하 Canal de Castilla 는 18세기 스페인 최초의 토목 프로젝트를 추진하던 대표적인 장소이다.
카스티야 운하는 팔렌시아 Palencia, 부르고스 Burgos, 바야돌리드 Valladolid 지방을 가로지르는 길이 200㎞가 넘는 인공 수로로 여러 강이 이어져 있다.

산티아고 순례길을 City & Town

운하의 공사는 페르난도 6세의 후원으로 1753~1849년에 완료되었다. 보트가 앞으로 나아갈 수 있도록 하기 위해 다수의 수문을 만들고 그 후, 10년 동안 350척 이상의 보트가 운항하였다. 그러나 스페인 철도가 전 국토에 건설되면서 운하로 이어 나가려던 꿈은 단계적으로 중단되었다. 현재 카스티야 운하 Canal de Castilla는 스페인에서 유일하게 항해할 수 있는 운하와 도보, 자전거, 말, 보트 등 자연과 함께 여행하는 문화를 가능하게 하고 있다.

프로미스타(Frómista)

팔렌시아Palencia의 프로미스타Frómista는 현재, 산티아고 순례길에 있는 작은 마을이다. 산 페드로San Pedro나 산타 마리아Santa Maria와 같은 성당도 있지만 11세기에 지어진 가장 큰 성당인 산 마르틴 성당Iglesia de San Martín de Frómista있다. 단순한 선으로 건축물과 내부 장식에 조화로운 균형이 돋보이도록 건축되었다.

산티아고 순례길을 City & Town

산 마르틴 성당(Iglesia de San Martín de Fromista)

스페인의 모든 로마네스크 양식 중 가장 잘 알려진 성당은 1066년에 스페인 북부를 통일한 최초의 왕인 산초 엘 메이어^{Sancho el Mayor}의 미망인인 도나 메이어^{Doña Mayor}에 의해 설립되었다. 1118년 카리온 데 로스 콘데스^{Carrión de los Condes}의 산 소이로^{San Zoilo}에 기증하고, 12세기에 완공되었다. 전쟁으로 폐허가 된 후 방치되다가 1896~1904년에 복원작업이 진행되고 지금에 이르렀다.

장식이 부족한 것처럼 보이는 내부는 절제된 상태에서 장식한 것으로 유명하다. 수백 개의 기둥과 대들보가 식물, 동물, 인간의 모습으로 새겨져 있는데 이는 성경의 이야기를 상징으로 새긴 것이다.

16일차 프로미스타부터 카리온 데 로스 콘데스까지 - 19.3km

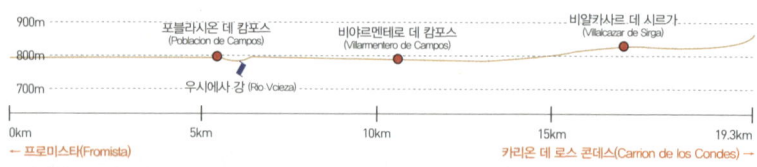

이동경로 / 19.3km

프로미스타(Fromista) - 포블라시온 데 캄포스(Poblacion de Campos) - 비야르멘테로 데 캄포스(Villarmentero de Campos) - 비얄카사르 데 시르가(Villalcazar de Sirga) - 카리온 데 로스 콘데스(Carrion de los Condes)

지루한 길

프로미스타Fromista 마을을 나오면 A-67 고가도로가 보인다. 이곳을 건너면 계속 차로 옆의 시골길을 걸어야 한다. 그래서 상당히 지루하기 때문에 옆에 있는 친구들과 대화를 나누면서 걸어가는 것이 좋은 방법이다. 특히 여름에는 햇빛이 강하여 일사병에 대해 주의가 필요하므로 그늘이 있다면 쉬어가야 한다. 그늘이 있는 곳에 벤치도 있으므로 쉬어가도록 미리 준비가 되어 있다.

프로미스타^{Fromista} ➜ 포블라시온 데 캄포스^{Poblacion de Campos} ➜ 비야르멘테로 데 캄포스^{Villarmentero de Campos}에서
비얄카사르 데 시르가 (Villalcazar de Sirga)_15km

비얄카사르 데 시르가(Villalcazar de Sirga)

작은 마을인 비얄카사르 데 시르가^{Villalcázar de Sirga}에 들어서면 순례자들은 산타 마리아 라 블랑카 성당^{Iglesia de Santa María la Blanca}을 멀리서 볼 수 있다. 현지 주민들은 팔렌시아^{Palencia} 팜파스^{pampas}의 붉은 석양이 아름다워 항상 자랑을 한다.

산타 마리아 라 블랑카 성당^{Iglesia de Santa María la Blanca}은 알폰소 국왕이 고딕 양식으로 짓기 시작했지만 로마네스크 후기 건축물로 완공되었다. 13세기 양식의 백색 성모상에게 기도를 반복했는데, 기도한 신자들이 치료한 흔적이 사라지면서 기도가 받아들여졌다는 기적이 전해진다.

산티아고 순례길을 City & Town

 비얄카사르 데 시르가 Villalcazar de Sirga 에서
카리온 데 로스 콘데스 (Carrión de los Condes)_4.7km

카리온 데 로스 콘데스(Carrión de los Condes)
카리온 데 로스 콘데스 Carrión de los Condes 는 마을 정도의 규모이지만 다양한 문화유적지가 많아 관광객이 많은 도시이다. 도시를 대표하는 산타 마리아 광장 Plaza de Santa Maria 과 광장에 있는 카사 델 아구이라 Casa del Águila 는 살리나스 백작의 궁전으로 광장을 대표하는 건물이다.

도시의 발전
10세기에 고메즈 가문 Gómez Familia 이 통치를 하면서 도시의 형태를 갖추었다. 11세기에 테레사 백작부인의 남편인 고메즈 디아스 Gómez Díaz 가 1077년에 건설하였지만 전쟁으로 폐허가 된 후, 현재 다리는 16세기 중반에 후안 데 아랄 Juan de Aral 이 건립했다.

Carrión de los Condes
카리온 데 로스 콘데스

카미노 데 산티아고^{Camino de Santiago} 중심부에 위치한 카리온 데 로스 콘데스^{Carrión de los Condes}는 산티아고 순례길의 중앙에 위치한 큰 도시에 속한다. 카사 델 아길라 플라자 드 산타 마리아의 광장이 중앙에 자리 잡고 있으며 그 옆에 살리나스 백작의 궁전이 있다

산티아고 순례길을 City & Town

카사 데 로스 기론 & 사라비아 극장
(Casa de los Girón & Sarabia Theater)

17세기의 개인 가문의 집으로 1811년 화재 이후 보존되어 역사적 가치를 인정받았다. 석조와 벽돌로 된 파사드는 가문의 문장과 장엄한 철로 장식되어 눈에 띈다. 건물은 아름다운 도리스식 기둥이 있는 우아한 현관이 있는 파티오로 이어진다.

사라비아 극장은 팔렌시아 지방에서 가장 유명한 문화 건축물로 19세기 말에서 20세기 초의 부르주아식 건물이다.

산타 마리아 델 카미노 성당
(Iglesia de Santa Maria del Caminoa)

문화유산으로 지정된 후, 1993년부터 예술 박물관으로 사용되고 있는 산타 마리아 델 카미노 성당Iglesia de Santa Maria del Caminoa은 카리온 데 로스 콘데스Carrión de los Condes에서 가장 오래된 성당이다. 1130년경에 로마네스크 양식으로 지어졌지만, 팔렌시아 건축가 펠리페 베로호Felipe Berrojo가 1685년에 바로크 양식으로 만든 성채를 추가해 지금에 이르렀다.

입구의 문
다양한 직업과 길드를 나타내는 비유적인 외관이 인상적인데, 상단 프리즈는 그리스도, 4명의 전도사, 12사도가 있는 최후의 심판을 표현하고 있다. 내부의 남쪽 벽에는 100명의 처녀들을 이슬람 무어족에게 보내야 하는 상황에서 황소들이 무어인들을 물리쳐 주었다는 전설이 그림으로 조각되어 있다.

산티아고 순례길을 City & Town

처녀들　　　　　　　황소　　　　　　　　????

상단 프리즈

문 위의 프리즈에는 동방박사가 헤로데를 방문해 아기 예수를 경배한 이야기가 조각되어 있고, 2개의 주랑 위로 벽을 올리고 그 밑에 제단화와 1766년의 바로크 오르간이 눈에 띈다.

안토니오 칼데론Antonio Calderón의 패널 그림과 함께 16세기의 제단화가 있다.

산 소일로 수도원(Monasterio de San Zoilo)

문화재로 지정된 수도원은 로마네스크 아치로 유명하다. 11세기에 설립된 산 소일로 수도원Monasterio de San Zoilo은 카리온Carrión 백작의 보호를 받았다. 사아군과 함께 가장 중요한 수도원으로 중세 순례자들에게 숙소와 병을 돌보는 역할도 하였다.

수도원에는 아름다운 로마네스크 양식의 문이 있고 웅장한 중세 직물이 있다. 1537~1604년 사이에 현재 르네상스 회랑이 건축가 후안 데 바다호스 엘 모소Juan de Badajoz el Mozo가 설계하고 건축했다.

산티아고 순례길을 City & Town

산타클라라 왕립 수도원(Monasterio de Santa Clara)

1255년에 설립된 산타클라라 왕립 수도원Monasterio de Santa Clara에는 그레고리오 페르난데스의 작품인 "피에다드'와 '거룩한 그리스도'의 이미지가 보관되어 있다. 수도원 박물관에는 13세기부터 현재에 이르기까지 다양한 작품이 있으며 그 중 '치통을 앓고 있는 아기 예수'와 탄생 장면 컬렉션이 유명하다. 루시아 데 라 아센시온Luisa de la Ascensión의 후원 하에 18세기에 하나의 본당이 있는 작은 구조로 개조되었고, 목재 천장과 머리 부분에 배럴 볼트로 덮여 있다.

17일차 카리온 데 로스 콘데스부터 테라디요스 데 로스 템플라리오스까지 - 26.8km

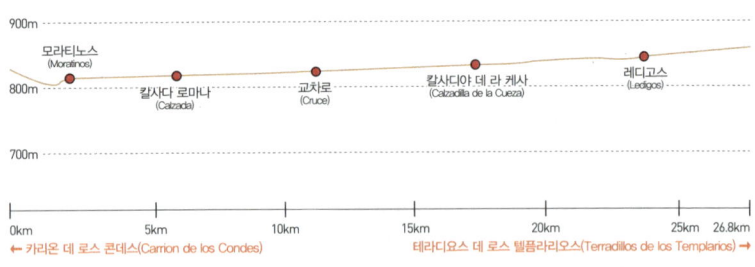

이동경로 / 26.8km

카리온 데 로스 콘데스(Carrion de los Condes) - 칼사다 로마나(Calzada) - 교차로(Cruce) - 칼사디야 데 라 케사(Calzadilla de la Cueza) - 레디고스(Ledigos) - 테라디요스 데 로스 텔플라리오스(Terradillos de los Templarios)

평지길 (식사할 장소 찾기가 힘들다.)

어제와 마찬가지로 평지길이 대단위 경작지 사이로 이어진다. 칼사디야 데 라케사까지의 약 16㎞는 식사를 할 장소가 없으므로 사전에 먹거리와 물을 준비하는 것이 좋다.

오늘은 내내 차로 옆의 시골길을 걸어가야 한다. 그래서 상당히 지루하기 때문에 옆에 있는 친구들과 대화를 나누면서 걸어가는 것이 좋은 방법이다. 특히 여름에는 햇빛이 강하여 일사병에 대해 주의가 필요하므로 그늘이 있다면 쉬어가야 한다.

산티아고 순례길을 City & Town

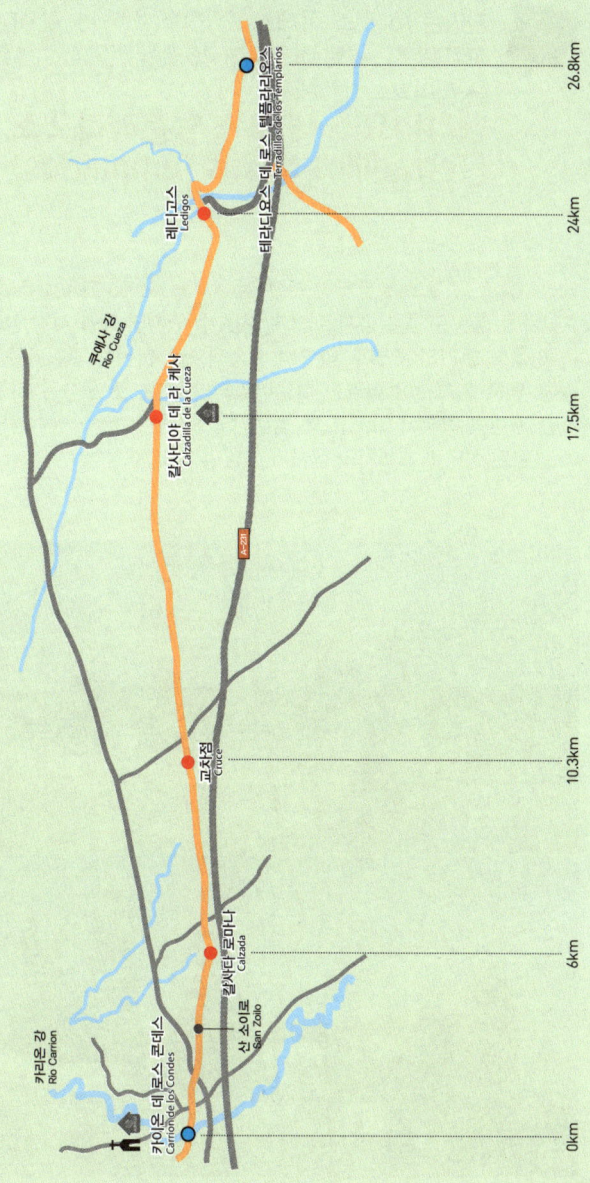

카리온 데 로스 콘데스^{Carrion de los Condes} → 칼사다 로마나^{Calzada} → 교차로^{Cruce} → 칼사디야 데 라 케사^{Calzadilla de la Cueza} → 레디고스^{Ledigos}에서
테라디요스 데 로스 템플라리오스 (Terradillos de los Templarios)_26.8km

테라디요스 데 로스 템플라리오스(Terradillos de los Templarios)

17일차에 걷는 구간은 평지로 쉽게 걸을 수 있지만 해를 피할 장소가 많지 않다. 주변 마을도 볼거리가 별로 없으니 지속적으로 천천히 걸어가야 하는 상황이 쉽지 않다. 템플 기사단이 머물던 마을이었지만 현재, 옛 모습은 거의 남아 있지 않다. 다만 개천의 이름에 아로요 데 템플리오스^{Arroyo de Templarios}에 남아 있고, 산 페드로에 봉헌된 성당과 13세기의 십자가가 남아 있다.

산티아고 순례길을 City & Town

18일차 테라디요스 데 로스 템플라리오스부터 베르시아노스 델 레알 카미노까지 - 23.4km

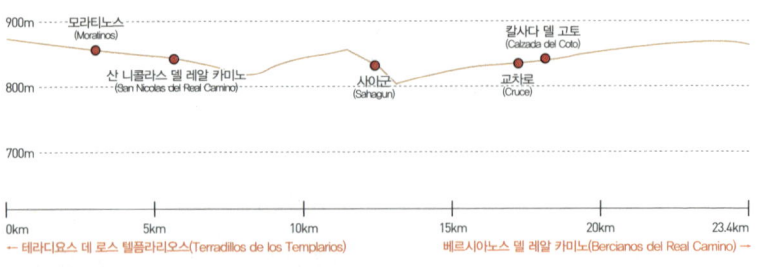

이동경로 / 23.4km

테라디요스 데 로스 템플라리오스(Terradillos de los Templarios) – 모라티노스(Moratinos) – 산 니콜라스 델 레알 카미노(San Nicolas del Real Camino) – 사아군(Sahagun) – 베르시아노스 델 레알 카미노(Bercianos del Real Camino)

평지길 (그늘이 별로 없다.)

오늘은 거의 평지길에 힘든 구간은 없다. 마을을 나오면 N-120 도로 옆으로 나 있는 소로길을 걷게 된다. 여기부터 사아군Sahagun까지 쉴 장소를 거의 정해져 있다. 사아군이 오늘의 중간 지점이기도 하지만 생장 피드포트에서 걷기 시작했다면 산티아고 데 콤포스텔라까지의 중간 지점으로 의미가 있는 마을이기도 하다.

사전에 간식과 물이나 음료수를 준비해 벤치가 있는 쉬어가는 장소에서 휴식을 취하면서 걸어가면 된다. 어제와 마찬가지로 평지길이 대단위 경작지 사이로 이어진다. 차로 옆의 시골길을 걸어가야 한다. 상당히 지루하기 때문에 옆에 있는 친구들과 대화를 나누면서 걸어가는 것이 좋은 방법이다.

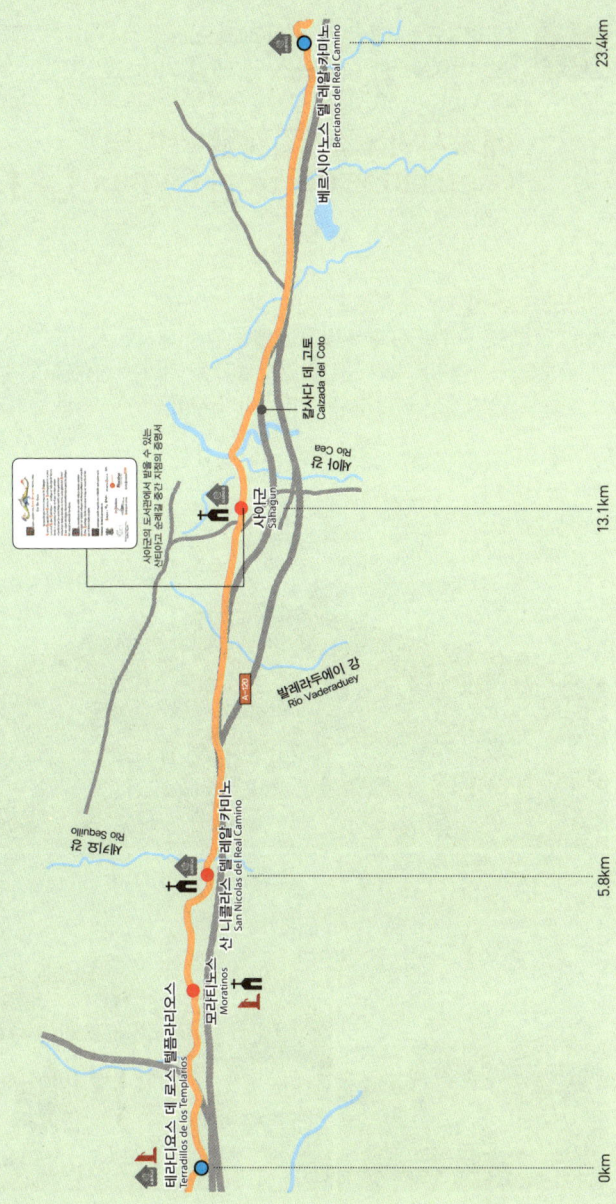

테라디요스 데 로스 템플라리오스 Terradillos de los Templarios → 모라티노스 Moratinos → 산 니콜라스 델 레알 카미노 San Nicolas del Real Camino → 사아군 Sahagun 에서

베르시아노스 델 레알 카미노 (Bercianos del Real Camino)_23.4km

사아군(Sahagun)

레온에서 남동쪽으로 67㎞ 떨어진 곳에는 역사 도시인 사아군 Sahagun이 있다. 3세기에 파쿤도와 프리미티보가 순교하면서 순교를 기리는 성당을 짓기 시작했다. 산투스 파쿤두스 Santus Frcundus로 불리던 라틴어가 사아군 Sahagun으로 변화되었다고 한다.

Sahagun
사아군

마요르 광장에서 벽돌과 나무 구조로 된 집도 있고 진흙과 짚으로 지은 집도 볼 수 있다. 신고전주의 양식의 아치만 남아 있는 산 베니토 엘 레알 수도원과 12~13세기의 산 티르소와 산 로렌조의 무데하르 성당, 사아군Sahagún 박물관이 있는 곳인 산 베니토 아치Arco de San Benito 등이 있다. 산 베니토 왕립 수도원의 산 만시오 예배당, 탑, 산 베니토 개선문의 3 부분만 아직 남아 있다.

성모 경당(Ermita de la Virgen del Puente)

사아군^{Sahagun}으로 가기 전에 성모 경당^{Ermita de la Virgen del Puente}의 흔적이 아직 남아 있다. 10세기 말~11세기 초에 무데하르 로마네스크^{Mudéjar Romanesque} 양식으로 지어졌다.

산 베니토 아치 & 산 만시오의 예배당
(Arco de San Benito & San Mancio)

1931년에 국가 기념물로 지정된 산 만시오^{San Mancio}의 예배당은 원래 산 베니토^{San Benito}에게 헌정된 것이다. 시계는 1835년 교회가 파괴될 때까지 산 베니토 왕립 수도원의 탑에 설치되었다. 산 베니토 아치^{Arco de San Benito}는 원래 성당으로 통하는 문이었지만 현재, 마을의 주요 도로에서 들어오는 통행 문으로 사용되고 있다.

산 만시오^{San Mancio}의 예배당은 반도 최초의 무데하르^{Mudéjar} 양식 벽 중 하나이다. 산 베니토^{San Benito} 왕립 수도원은 가장 대표적인 베네딕토회 유적지였지만 전쟁과 화재로 거의 완전히 파괴되었다.

 Tip

산티아고 순례길의 중간 지점 증명서(3€) 받기
아직은 거의 모르지만 생장 피드포트에서 걷기 시작했다면 산티아고 데 콤포스텔라까지의 중간 지점으로 의미가 있는 마을이기도 하다. 이곳에서도 중간지점까지 걸었다는 증명서를 발급하고 있다. 사아군 도서관의 1층으로 들어가면 오른쪽에 입구가 있다. 이곳에서 발급한다. 아직은 많이 받지는 않지만 300㎞이상 걸었다는 증명을 받을 수 있기 때문에 산티아고 순례길을 나누어서 걷는 순례자에게는 희열을 맛볼 수 있는 장소이다.

기념사진 찍기
순례자가 열심히 걸어왔다면 중간까지 도착했으니 앞으로 더 열심히 걸어갈 수 있는 희망을 갖게 된다. 사아군 도서관에서 증명서를 받고 나오면 산 베니토 아치문 앞에 있는 순례자 발걸음 위에서 사진을 찍고 이동하자. 순례자가 사진을 찍을 수 있도록 배려를 해 놓았다.

삼위일체 성당(Iglesia de la Trinidad)

현재 순례자 알베르게Albergue로 사용하고 있는 16세기의 삼위일체 성당은 베네딕토 수녀회에서 사용하다가 중세 이후에 방치되었다. 최근에 순례자가 늘어나면서 순례자 알베르게로 개조해 사용하고 있다.

산티아고 순례길을 City & Town

Sepan cuantos esta Carta Peregrina vieren como

Cho Dae Hyun

ha pasado por tierras leonesas de Sahagún, Centro Geográfico del Camino de Santiago francés y como reza en el Codex Calixtinus "... pródigo en todo tipo de bienes, donde se encuentra el prado, en el que se dice, antaño reverdecieron las astas fulgurantes que los guerreros victoriosos habían hincado en tierra, para gloria del Señor". Y que según atestigua, ha encontrado reposo para las fatigas del cuerpo y alivio de las almas.

Los moradores de esta noble villa le damos ánimos para seguir su camino y llegar con buena andanza a la casa del Señor Santiago, donde esperamos tenga un recuerdo de los que le hemos dado acogida.

Y para que conste y pueda ser exhibida ante quien se lo demande, firmo la presente en

Sahagún, a 25 de Octubre del año del Señor de 2021

La Alcaldesa.

Paula Conde Huerta

Adefonsus rex Legionis et tocius Hispaniae Imperator

SAHAGÚN Sitio Cluniacense

Iacobus Asociacion Peregrina - Comarca de Sahagún, León -

Carta Peregrina 36268

사군의 도서관에서 받을 수 있는 산티아고 순례길 중간 지점의 증명서

19일차 베르시아노스 델 레알 카미노부터 만시야 데 라스 물라스까지 - 26.6km

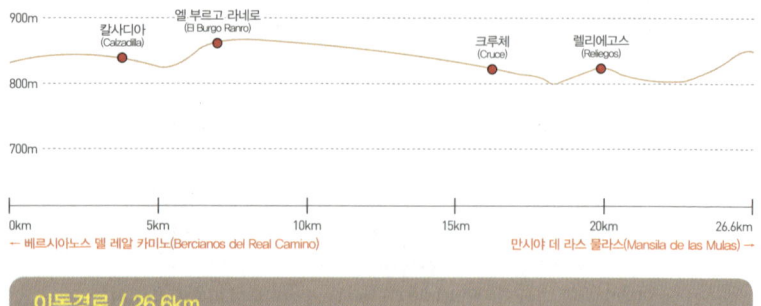

이동경로 / 26.6km

베르시아노스 델 레알 카미노(Bercianos del Real Camino) - 엘 부르고 라네로 (El Burgo Ranero) - 렐리에고스(Reliegos) - 만시야 데 라스 물라스(Mansila de las Mulas)

평지길 (그늘이 별로 없다.)

레온까지는 평야가 이어지기 때문에 평지길이라 힘든 구간은 거의 없다. 마을을 나오면 N-120 도로 옆으로 나 있는 소로길을 걷는데 그늘이 없다가도 어느 정도 거리가 지나면 그늘이 있는 벤치가 나온다. 간식과 물이나 음료수를 준비해 휴식을 취하면서 걸어가면 된다. 차로 옆의 시골길은 지루하기 때문에 옆에 있는 친구들과 대화를 나누면서 걸어가는 것이 좋은 방법이다.

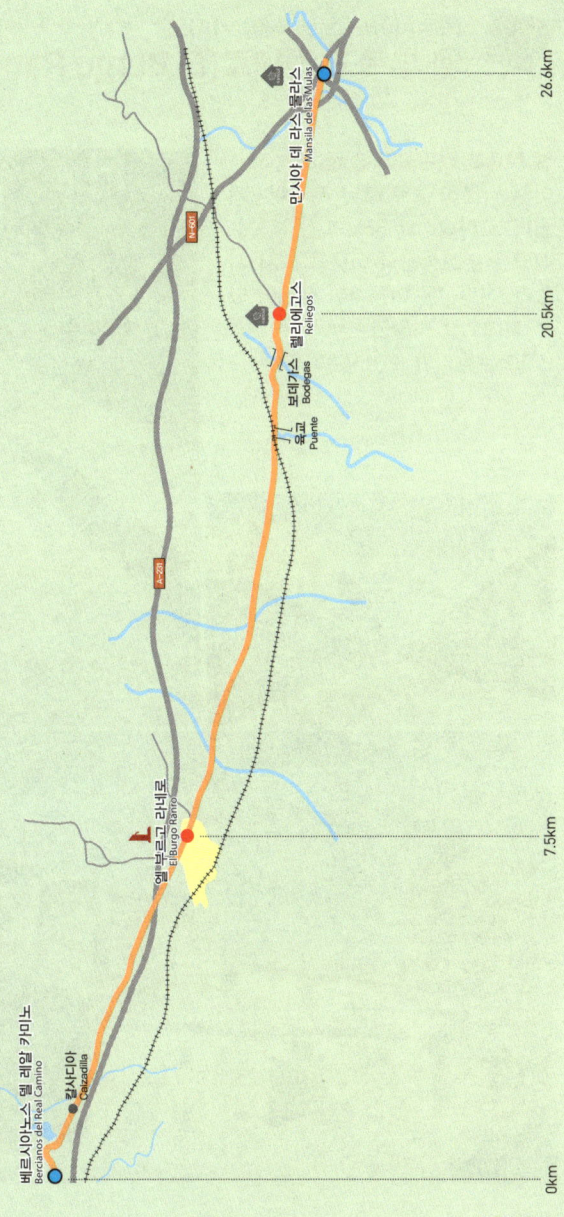

산티아고 순례길을 City & Town

베르시아노스 델 레알 카미노^{Bercianos del Real Camino}에서
엘 부르고 라네로(El Burgo Ranro)_7.5km

엘 부르고 라네로(El Burgo Ranro)
아주 작은 마을로 그냥 지나쳐가기 쉽다. 로마네스크 양식의 산 페드로 성당은 수호성인의 이름을 따서 지었다. 성모상은 아름다워 레온에 있는 카테드랄 박물관^{Museo Catedralicio de Leon}으로 옮겨가 보관 중이다.

산티아고 순례길을 City & Town

 엘 부르고 라네로 El Burgo Ranro → 렐리에호스 Reliegos 에서
만시야 데 라스 물라스
(Mansila de las Mulas)_19.1km

만시야 데 라스 물라스(Mansila de las Mulas)
마노 엔 시야Mano en Silla라는 이름에서 시작된 마을은 노새라는 뜻의 '데 라스 물라스de las Mulas'이름처럼 가축 시장으로 무역이 활발한 마을이었다. 산티아고 순례길이 활성화되었을 때는 2개의 길이 만나는 지점으로 순례자 숙소가 3개나 있는 순례자마을로 유명했다. 그라노 광장과 레냐 광장에 대부분의 마을에서 살 수 있는 상점들이 몰려 있다.

엘 하르딘 델 카미노(El Jardin del Camino) 알베르게

마을의 입구에 있는 큰 알베르게로 규모가 크다. 호스텔 분위기의 알베르게로 리모델링으로 현대화되었다. 16명 방으로 규모가 크기 때문에 웅성웅성 대는 소리가 크게 들릴 수도 있다. 1층의 휴게실은 누구나 만족스럽게 휴식을 취할 수 있을 것이다. 자체 레스토랑이 있어 식사를 같이 할 수 있어서 대부분의 순례자는 알베르게에서 식사를 해결한다.

20일차 만시야 데 라스 물라스부터 레온까지 - 18.6km

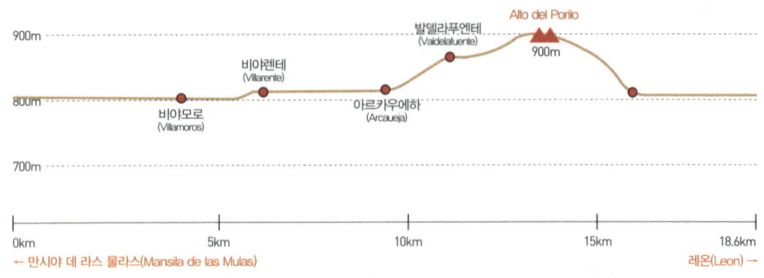

> **이동경로 / 18.6km**
> 만시야 데 라스 물라스(Mansilla de las Mulas) – 비야렌테(Villarente) – 아르카우에하(Arcaueja) – 레온(Leon)

도시로 들어가는 평지길

걷는 거리는 짧지만 큰 도시로 들어가는 길은 지루하다. 그래서 아무 생각 없이 걷다가 거리를 잘못 걷기도 한다. 평지길이라 힘든 구간은 거의 없지만 N-601도로는 걷기에 좋은 길이 아니다. 또한 빨리 지나가는 차량은 소음과 매연을 만들어내기 때문에 쉴 공간이 있다면 쉬어가는 것이 좋다.

간식과 물이나 음료수를 준비해 휴식을 취하면서 걸어가면 된다. 차량 도로로 가는 길은 지루하기 때문에 옆에 있는 친구들과 대화를 나누면서 걸어가는 것이 좋은 방법이다. 수도인 마드리드에서 레온으로 이동해 약 300㎞를 약 2주 동안 걷는 순례자도 있다.

산티아고 순례길을 City & Town

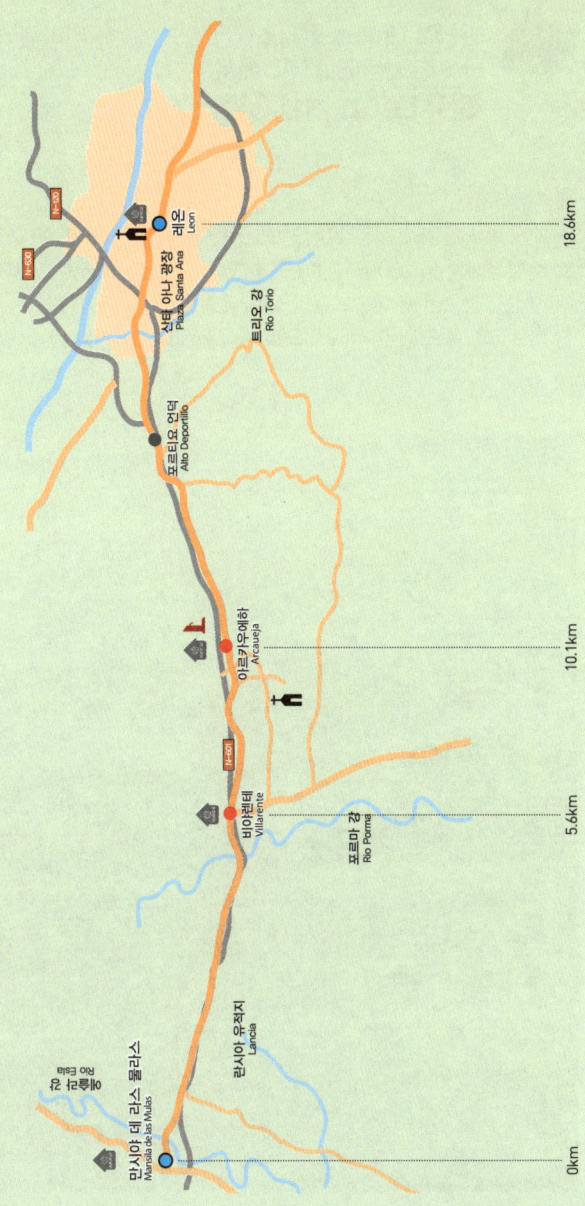

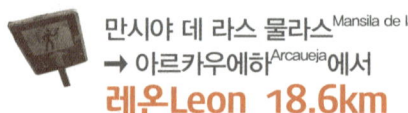

만시야 데 라스 물라스^{Mansila de las Mulas} → 비야렌테^{Villarente} → 아르카우에하^{Arcaueja}에서
레온Leon_18.6km

레온(Leon)

스페인 북부의 대표적인 도시인 레온^{Leon}은 레온 왕국의 수도였다. 레온은 산티아고 순례길에서 약 300㎞지점에 도착했다는 표시를 해주는 도시이기도 하다.
레온에는 정교한 스테인드글라스로 유명한 레온 대성당과 산 이시도르 성당, 구 산 마르코스 수도원 등 역사적으로 중요한 건축물이 많다.

산티아고 순례길을 City & Town

Leon
레온

인구 약 15만 명의 스페인 북부의 제 2도시에는 넘쳐나는 관광객들과 순례자들의 중간 코스로 순례자들이 만나 도시는 항상 활기차다. 특히 축제가 벌어지는 6월 21~30일까지 산 후안^{San Juan}과 산 페드로^{San Pedro} 축제 때에는 도시 곳곳에 전시와 황소 달리기를 하고 밤에는 콘서트와 불꽃놀이를 볼 수 있다.

서고트 족과 무어, 십자군에게 점령당하면서 베르네스가 강^{Rio Bernesga} 옆에 자리한 도시는 아스투리아스와 레온의 옛 왕국의 수도가 되면서 도시의 규모는 커졌고 역사의 중심에 서 있었다. 스페인 북부에서 2번째로 큰 도시인 레온^{Leon}은 역사의 흐름 속에서 커져 지금에 이르렀다.

산티아고 순례길을 City & Town

도시에 대한 평가

각 시대가 혼재되면서 역사학자들은 어색하게 도시가 형성될 수 있었지만 중세 성벽을 받치고 있는 로마 시대의 유적부터 로마네스크 양식으로 우아하게 만들어진 성 이소도로 왕립 대성당Real Basilica de Sun Isodoro과 고딕 양식으로 장식된 레온 대성당 Puldra Leonia이 중심을 잡고 있어 도시는 멋지게 커나갈 수 있었다고 평가한다.

후기 고딕 양식과 이탈리아의 르네상스 양식, 이슬람 양식의 섬세하고 기교적인 16세기 스페인의 장식인 플래터레스크Plateresque 양식으로 만들어진 산 마르코스San Marcus와 가우디가 재설계한 카사 데 보티네스Casa de Botines에 녹아있는 신 고딕 양식까지 볼 수 있는 건축물이 레온에는 가득하다.

레온 대성당(Catedral de Santa Maria de Leon & Museo)

레갈 광장Plaza Regal의 동쪽 끝에 있는 레온 대성당과 박물관이 함께 있다. 오르도네 2세Ordoño II는 무어인Moors들을 물리 칠 수 있게 된 후 하나님께 감사의 마음으로 만든, 당시에 유행하는 프랑스 스타일의 고딕 양식으로 만들어진 성당이다. 거대한 장미창과 화려한 스테인드글라스로 장식된 멋진 외관을 가지고 있다.

서문은 13세기에 지어진 고딕 양식의 문으로 눈의 성모상으로 장식되어 있고 오른쪽에는 산티아고 순례자가 장식되어 있다. 신앙심이 깊은 순례자들은 항상 손으로 쓰다듬으면 행운이 온다는 믿음이 있어 많은 순례자들이 찾는다. 덕분에 반들반들 하다.

대성당은 벽의 높은 곳에 만들어진 125개의 스테인드글라스로 내부가 장식되어 있는데 섬세한 손길로 만들어진 유리가 인상적이다. 이슬람 세력인 무어인들이 점령하고 있었기 때문에 산 이시도로의 유해가 세비야에서 레온으로 옮겨진 이후 성당 안에 유해를 안장했다.

주소_ Plaza Regla 시간_ 10€(10~17시) 전화_ + 34 987875770

산티아고 순례길을 City & Town

산 이시도로 광장(Plaza de San Isidoro)

로마 제 7군단을 기념하여 만들어진 분수는 로마 제국의 도시 토대와 중세 도시의 성벽을 기초로 한 건물은 11세기에 지어진 아름다운 대성당이 있다.
대성당에서 광장의 북쪽 끝에는 회랑과 대성당 박물관이 있다. 대성당에서 오른쪽으로 돌아 직진하면 오마냐 광장이 나오고 많은 골목들이 있는데, 다양한 바^{Bar}와 레스토랑들이 즐비하다. 오른쪽으로 산 이시도로 광장이 작게 형성되어 있다.

산 마르코스 수도원(Convento de San Marcos)

가장 중요한 스페인 르네상스 건물인 장엄한 건물에는 르네상스 장식이 가득하다. 레온에서 가장 길게 만들어진 아름다운 건물일 것이다. 수녀원으로 만들어졌지만 5성급 호텔로 현재 사용되고 있다.

이후 성당으로 건물의 사용을 변경하면서 조개껍질로 덮고 정면에는 양각으로 새긴 원형의 조각들이 완성되었다. 석조 십자가 기단 부분에는 순례자의 좌상이 있는데, 그의 지친 발치에 같이 앉아 포즈를 취하고 사진을 찍으면서 주위를 둘러보는 것도 좋다.

주소_ Plaza San Marcos, 6, Leon **전화_** + 34 987237300

 Tip

간략한 수도원 건축의 역사

12세기에 도냐 산챠(Doña Sancha)가 지은 수도원은 작고 소박한 건물로 시작되었다. 순례자들을 위한 병원이었지만 후에는 산티아고 순례자들을 보호하는 기사단의 본부로 사용되기도 했다. 1541년에 봉헌된 교회로 가톨릭교의 페르난도(Fernando) 왕이 레온(Leon) 도시에게 준 선물이었다. 이때 정교한 장식을 건물에 추가하면서 외벽은 순례자들의 동기를 새긴 이야기책처럼 스토리를 추가하여 완성되었다.

국영호텔(Parador)

수도원 건물은 현재 일부가 박물관이자 호텔로 사용되고 있는데, 안쪽의 뜰에는 아름답게 정원이 조성되어 있다. 신자들이나 인상 깊은 하루를 보내고 싶은 순례자들이 하룻밤을 지내면서 휴식을 취하기도 한다. 아침에 보면 꽤 많은 순례자들이 체크아웃을 하는 장면을 볼 수 있다.

구즈마네스 궁전(Palacio de los Guzmanes)

궁전은 카사 보티네스Casa Botines 바로 옆에 자리 잡고 있으며 레온Leon 주 정부의 자리에 있는 르네상스 건물이다.
16세기에 건축가 로드리고 길 데 온탄Rodrigo Gil de Hontañn이 디자인했다. 그는 당시 지역에서 가장 영향력 있는 부유한 구즈만Guzman 가족이 건물의 건축을 의뢰했다.

주소_ Calle Ruiz de Salazar, 2

카사 보티네스(Casa de los Botines)

건축가 안토니 가우디^{Antoni Gaudí}는 바르셀로나뿐만 아니라 스페인 북부에도 건물을 설계했다. 이 중 하나가 레온^{Leon}의 카사 보티네스^{Casa de los Botines}이다. 2017년 4월 12일에 보수를 한 후 다시 문을 열었다.

1891~1892년에 다시 보수를 요청받은 가우디는 고심을 하다가 바르셀로나의 히스파노 콜로니얼 은행^{Hispano-Colonial Bank}의 대표인 시몬 페르난데스^{Simón Fernández}와 마리아노 안드레스 곤사레스^{Mariano Andrés González}가 건물의 보수를 요청했다. 바깥에서 보면 중세 요새처럼 보이지만 실제로는 레온^{Leon}의 고딕 양식 성당에서 영감을 받았다.

산티아고 순례길을 City & Town

Tip

가우디(Gaudí)의 생각

카사 보티네스를 가우디(Gaudí)는 레온의 상징적인 건물로 만들고 싶었다. 따라서 그는 중세의 분위기를 네오고딕 양식의 건물로 설계했다. 건물은 4층, 지하, 다락방으로 구성되어 있는데, 가우디(Gaudí)는 기울어진 지붕을 선택하고 모서리에 타워를 배치하여 프로젝트의 네오고딕 양식을 추가했다. 지하실을 환기시키고 조명을 비추기 위해 2개의 파사드에 해자를 만들었다. 이 전략은 바르셀로나의 사그라다 파밀리아(Sagrada Família) 성당에 반복해 사용하고 있다.

가우디의 전략

가우디는 소유자의 집을 1층에 배치했고 측면이나 후면 파사드에 있는 독립적인 문을 통해 각각 접근할 수 있도록 하여, 상층에는 주택임대 부동산이, 저층에는 회사 사무실이 사용할 수 있었다. 건물의 주요 입구는 회사 이름이 적힌 연철 비문과 용을 죽이고 있는 '성 조지'의 석조 조각으로 장식되어 있다.

논쟁의 연속

카사 보티네스의 기초는 건물 복구 중에 논쟁의 대상이었다. 가우디는 도시의 대성당과 같은 연속적인 기지를 구상했으나 현지의 기술자들은 깊은 곳에 위치한 바닥을 더욱 견고하게 만들기 위해 필로티를 건설해야 한다고 주장했다. 건설 중 건물이 무너질 것이라는 소문이 있었지만 집에는 구조적 문제가 없었다.

1층에서 가우디는 프레임 구조에 주철 기둥 시스템을 처음으로 사용하여 내벽이 이를 분배할 필요 없이 보다 개방된 계획을 허용했다. 그래서 처음 가우디(Gaudí)의 이전 프로젝트와 달리 카사 보티네스의 파사드는 구조적 기능을 가지고 있게 되었다. 경사진 지붕에는 철제빔으로 지지되는 6개의 채광창이 다락방을 비추고 환기시킨다.

273

21일차 레온부터 비야르 데 마사리페까지 - 26.8km

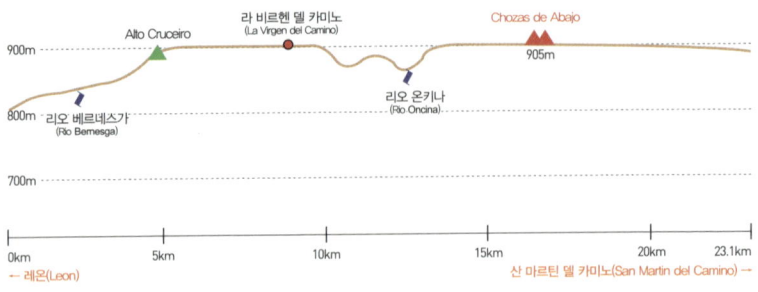

> **이동경로 / 26.8km**
>
> 레온(Leon) – 라 비르헨 델 카미노(La Virgen del Camino) – 산 미겔 델 카미노(San Miguel del Camino) – 비야당고스 델 파라모(Villadangos del Paramo) – 산 마르틴 델 카미노(San Martin del Camino)
>
> (2번 루트 : 레온(Leon) – 라 비르헨 델 카미노(La Virgen del Camino) – 초사스 데 아바호(Chozas de Abajo) – 비야르 데 마사리페(Viyar de Masarife))

도시에서 나가는 평지길

걷는 거리는 길지 않지만 큰 도시에서 다시 나오는 길도 지루하다. 하지만 도시를 나오는 과정에서 아무 생각 없이 걷다가 거리를 잘못 걷기도 한다.

큰 도시들은 노란색 화살표 보다는 조개껍데기 모양을 보도 블록에 넣어 표시를 하는 경우가 대부분이다. 그런데 해가 뜨지 않은 어두운 길은 조개껍데기 모양이 잘 보이지 않는다.

산티아고 순례길을 City & Town

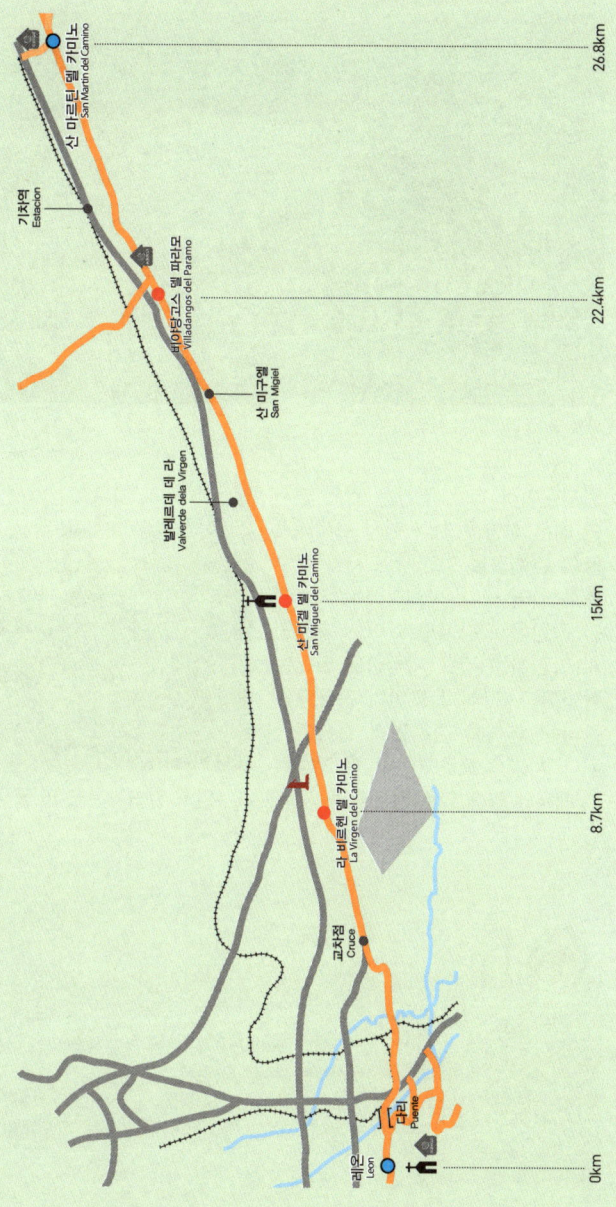

평지길이라 힘든 구간은 거의 없지만 레온 성당을 지나 카사 보티네스 등의 건축물을 보면서 도시를 나오도록 되어 있다. 마지막에는 기차역과 공항을 지나가므로 어느 지점인지 확인하는 것도 지루함을 달래는 방법이다. 간식과 물이나 음료수를 준비해 휴식을 취하면서 걸어가면 된다. 차량 도로로 가는 길은 지루하
기 때문에 옆에 있는 친구들과 대화를 나누면서 걸어가는 것이 좋은 방법이다.

 Tip

산티아고 순례길 300㎞ 걷기

산티아고 순례길의 프랑스 길은 약 800㎞이다. 1달이 넘는 기간 동안 걷기 위해 일정을 비우는 것은 쉬운 일이 아니다. 그래서 전체 순례길을 다 걷지 않고 나누어서 걷거나 마지막 순례길 부분을 걷는 순례자들도 있다. 프랑스 길의 일부분을 걸으려고 하는 순례자들은 220㎞, 110㎞를 폰 페라다(Ponferrada)와 사리아(Sarria)에서 걷기 시작하지만 일부 순례자들은 레온부터 걷는 경우도 있다.

레온Leon에서
라 비르헨 델 카미노 (La Virgen del Camino) _8.7km

라 비르헨 델 카미노(La Virgen del Camino)

'길 위의 성모'라는 뜻의 마을은 목동에게 다가온 성모를 부르면서 알려졌고 큰 도시인 레온에까지 명성이 퍼지면서 마을의 이름으로 사용하기에 이르렀다. 성당을 지으면서 내부의 제단화에 길 위의 성모가 예수를 안고 있는 모습을 십자가에서 내려오는 모습으로 표현해 놓았다.

성당은 1961년에 다시 지어지면서 콘크리트로 나타내고, 새로운 성당을 아르누보 양식으로 12사도가 높이 서 있는 모습은 처음에 논쟁의 대상이 되었다. 가운데에 성모 마리아의 조각상은 현재도 꽤나 유명하다.

라 비르헨 델 카미노 La Virgen del Camino – 산 미겔 델 카미노 San Miguel del Camino – 비야당고스 델 파라모 Villadangos del Paramo 에서

산 마르틴 델 카미노
(San Martin del Camino)_18.1km

산 마르틴 델 카미노(San Martin del Camino)

산티아고 순례길을 걷다보면 자주 마주치는 자동차도로가 있는 데, 그 중에서 N-120번 도로가 가장 자주 마주치는 도로이다. 그 도로 옆에 있는 마을이 산 마르틴 델 카미노 San Martin del Camino 이다. 로마 시대에 '산 마르틴 San Martin'이라는 군인이 투르의 주교가 되면서 그가 머물던 마을의 이름이 바뀐 것이다.

 Tip

산티아고 순례길 300㎞ 걷기

산티아고 순례길의 프랑스 길은 약 800㎞이다. 1달이 넘는 기간 동안 걷기 위해 일정을 비우는 것은 쉬운 일이 아니다. 그래서 전체 순례길을 다 걷지 않고 나누어서 걷거나 마지막 순례길 부분을 걷는 순례자들도 있다.

산티아고 순례길을 나누어 걷는 순례자들은 대부분은 걷기 기간이 짧아지기 때문에 13일 레온 출발일지, 9일 폰 페라다 출발일지, 5일 사리아 출발일지를 결정해야 한다. 프랑스 길의 일부분을 걷는 순례자들은 220㎞, 110㎞를 폰 페라다(Ponferrada)와 사리아(Sarria)에서 걷기 시작하지만 일부 순례자들은 레온부터 걷는 경우도 있다.

22일차 산 마르틴 델 카미노부터 아스토르가까지
- 30.1km

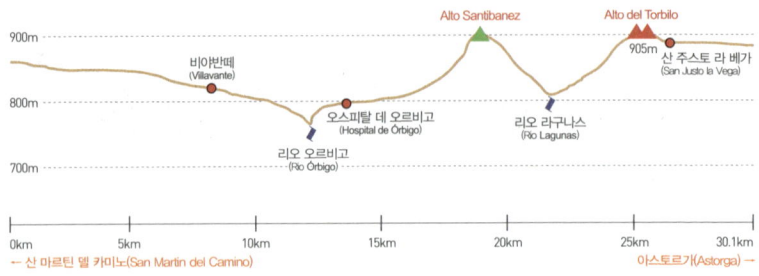

이동경로 / 30.1km

산 마르틴 델 카미노(San Martin del Camino) - 비야반테(Villavante) - 오스피탈 데 오르비고(Hospital de Orbigo) - 산티바네스 데 발데이글레시아(Santibanez de Valdeiglesia) - 산 후스토 데 라 베가(San Justo de la Vega) - 아스토르가(Astorga)

평지길

산티아고 순례길에서 마지막으로 남은 도시에 도착하게 된다. 대부분의 시골길을 평이하게 걷게 된다.
양쪽으로 경작지가 펼쳐지는 평야지대라서 평지가 대부분이다. 다만 그늘이 없으므로 여름에는 쉬면서 간식과 물이나 음료수를 준비해 걸어가야 한다.

산티아고 순례길을 City & Town

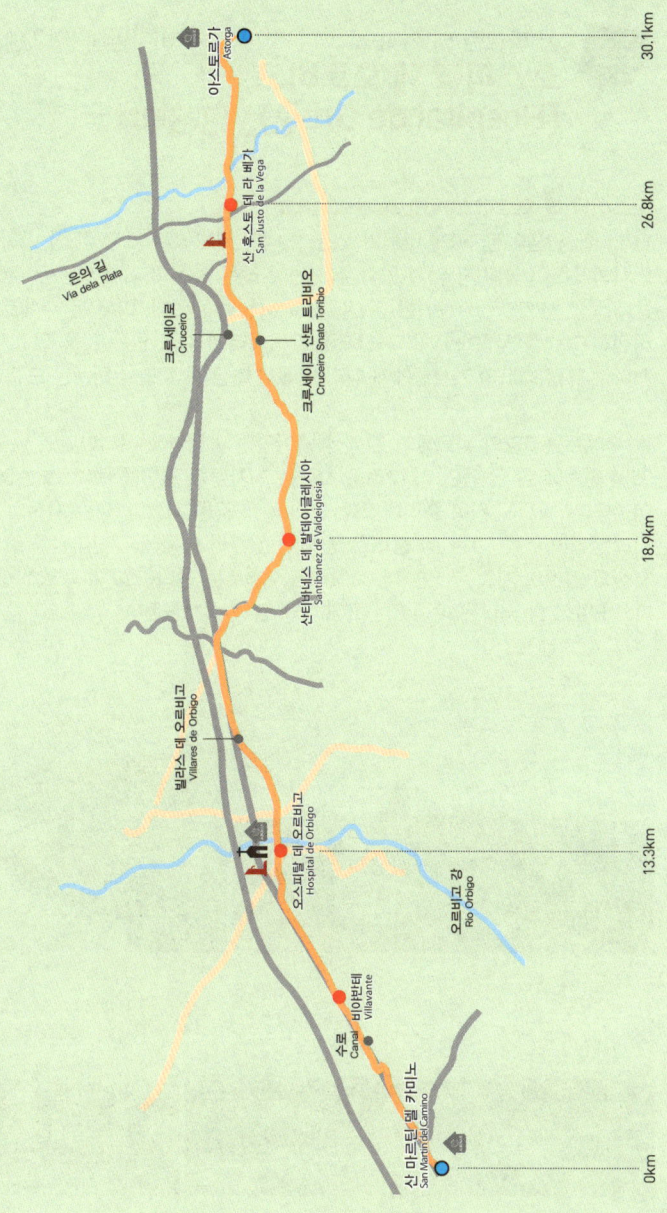

산 마르틴 델 카미노 San Martin del Camino → 비야반테 Villavante 에서
오스피탈 데 오르비고
(Hospital de Orbig)_13.3km

오스피탈 데 오르비고(Hospital de órbigo)

13세기에 만들어진, 20개 아치가 있는 스페인 북부에서 가장 긴 이 다리에는 중세 기사의 실연 이야기가 담겨 있다. 1434년에 레온 출신의 기사였던 돈 수에로 데 카뇨네스 Don Suero de Quiüones 는 한 여인에게서 버림을 받았다. 이에 돈 수에로는 자신이 여전히 그녀를 사랑하고 있다는 표시로 목둘레에 쇠로 만든 깃을 달고, 이 다리를 지나는 유럽 최고의 기사들에게 다리 위에서 마상 창 시합을 하자는 도전장을 냈다.

돈 수에로는 9명의 동료들과 함께 성년이었던 1434년에 산티아고의 날이었던 7월 25일 전후에 한 달 동안 이 다리를 지나는 기사들과 결투를 했다. 그는 300개의 창이 부러질 때까지 싸워 승리하였다. 그리고 그 깃을 지켰다. 이는 자신의 명예를 지키려는 의미였다. 그는 이 승리로 인해서 실연의 아픔에서 벗어났을 뿐만 아니라 자신의 명예도 지킬 수 있었다. 그 후 돈 수에로는 산티아고 데 콤포스텔라로 향했다. 이 마상 창 시합은 매년 6월 초에 다리 옆에서 재현된다.

산티아고 순례길을 City & Town

 오스피탈 데 오르비고^{Hospital de Orbigo} → 산티바네스 데 발데이글레시아^{Santibanez de Valdeiglesia} → 산 후스토 데 라 베가^{San Justo de la Vega}에서
아스토르가(Astorga)_16.8km

산 후스토 데 라 베가(San Justo de la Vega)
산 후스토 데 라 베가^{San Justo de la Vega}는 순례자들이 지나가는 작은 마을이지만 산토토리비오의 십자가와 물을 마시는 순례자 상으로 산티아고 순례길의 사진집에서 많이 등장하는 장소이다.

언덕 위에 서 있는 5세기의 토리비오 주교가 떠나면서 십자가를 향해 무릎을 꿇고 기도를 올린 장소인데, 시내를 한눈에 바라보고 떠나가는 아쉬운 마음을 나타내는 것이 지금은 십자가상이 세워져 기리고 있다.
이 언덕에서 순례길을 따라 내려가면 물을 마시는 순례자 상을 볼 수 있다. 평야가 계속 이어지는 곳에서 목마른 순례자의 마음을 청동상으로 잘 표현해 낸 작품이다.

Astorga
아스토르가

스페인 북서부에 위치한 아스토르가Astorga는 레온 지방의 도시로 로마시대부터 역사가 시작되는 유서 깊은 도시이다. 가우디의 디즈니 같은 궁전, 초콜릿 박물관, 고대 로마 유적지, 대성당이 어우러져 매년 관광객의 사랑을 받고 있다. 7월 마지막 주말에 펼쳐지는 로마시대를 재연하는 행사는 매년 수천 명의 방문객을 끌어들이는 축제이다. 아스토르가Astorga는 산티아고 순례길에서 마지막 남은 큰 도시여서 필요한 물품이 있다면 미리 구입해 두는 것이 좋다.

아스토르가Astorga는 산티아고 순례길의 마지막 250㎞지점 정도에 있는 도시로, 2000년 전에 로마인들에 의해 세워진 유서 깊은 도시이다. 로마시대의 유적지도 유명하지만 가우디가 디자인한 네오 고딕 양식의 주교관 건물이 더 보고 싶을 수 있다. 현재 순례자 박물관으로 사용하고 있는데, 가우디의 초창기 건축물이라 가우디의 특징이 나타나지는 않아 유명하지는 않다.

간략한 역사

아스토르가Astorga는 로마 기원의 도시로 2,000년 전 아우구스투스 황제에 의해 도시가 형성되었다. 로마 시대의 고고학적 유적을 시내의 로마 모자이크와 하수도가 보존되어 있다. 수백 년 전의 모습 그대로 도시에 일상생활의 물건을 전시한 로마 박물관도 있다. 성벽은 로마에서 유래했지만 후기에 재건되었다.

아스토르가Astorga는 반도 전쟁 동안 가장 큰 영향을 받은 스페인 도시로, 나폴레옹이 아스토르가Astorga에 있을 때 러시아 전선에 소집되었다. 프랑스군은 아스토르가 성벽의 일부를 파괴했다.

산티아고 순례길을 City & Town

한눈에 아스토르가 파악하기

중세 시대에 아스토르가Astorga는 산티아고 순례길에서 가장 중요한 도시였다. 18세기에 시청이 세워졌고, 대성당에서는 200년 동안 현지 의상을 입은 2명이 매시간 종을 울렸다. 로마네스크 양식으로 지어진 대성당은 15세기에 증축을 시작해 18세기에 완공하였다. 도시의 인구가 증가하면서 마요르 광장은 도시 생활의 중심지로 거듭났다.

아스토르가(Astorga)로 가는 방법

아스토르가Astorga는 마드리드Madrid에서 갈리시아 지방까지 A6 고속도로를 통해 차로 약 3시간 거리에 있다. 마드리드와 스페인 북서부의 거의 모든 도시에서 버스로 아스토르가까지 갈 수 있다.

마요르 광장(Plaza Mayor)

광장은 아스토르가 시민들이 매일 보고 사람들을 만나는 장소이다. 고대 로마 시대에 포룸이 있던 곳으로 중세부터 현재의 광장 모습으로 변화하기 시작했다. 광장의 한편에는 17세기 바로크 양식으로 지어진 시청이 있다.

카테드랄 광장(Plaza Cathedral)

아스토르가 끝자락에 있는 광장에는 가우디 건축물이 있는 카미노 박물관과 산타 마리아 대성당이 있는 아름다운 광장이다. 낮에도 관광객이 많이 몰려 건축물을 보기 바쁘지만 저녁이 되면 커피와 함께 아름다운 건축물과 함께 즐기는 야경도 아름답다.

산티아고 순례길을 City & Town

산타 마리아 대성당(Iglesia de Santa Maria)

15세기 말에 대성당 건설이 시작되어 300년 동안 이어졌기 때문에 아스토르가(Astorga) 대성당에서는 다양한 건축 양식을 볼 수 있다. 고딕, 르네상스, 바로크 양식이 섞여 있는 데, 약 300년 동안 지어진 흔적을 볼 수 있다.

18세기에 마지막으로 완성된 파사드는 은 세공 양식이 섬세하게 녹여 아름다움을 더했다는 평가를 받고 있다. 내부에는 가스파르 베세라가 만든 제단이 있고 12세기에 비잔틴 양식으로 만들어진 성모자상이 있다.

카미노 박물관(Museo de los Caminos)

동화에서 갓 튀어나온 것처럼 보이는 네오고딕 양식의 화강암으로 만들어진 가우디 Gaudí의 성공회 궁전 Palacio Esiscopal은 현재 카미노 박물관으로 사용하고 있다. 의외로 다양한 순례자상과 순례길과 관련한 소장품은 흥미롭다.

산티아고 순례길을 City & Town

23일차 아스토르가부터 폰세바돈까지 - 27.2km

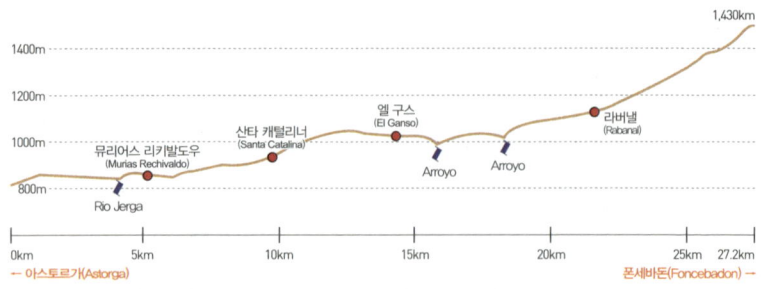

이동경로 / 27.2km

아스토르가(Astorga) - 무리아스 데 레치발도(Murias de Rechivaldo) - 산타 카탈리나 데 소모사(Santa Catalina de Somoza) - 엘 간소(El Ganso) - 라바날 델 카미노(Rabanal del Camino) - 폰세바돈(Foncebadon)

산 정상으로 올라가는 길

평지길부터 시작해 엘 간소$^{El\ Ganso}$부터 산으로 올라가야 한다. 폰세바돈과 2일 후에 걸을 오세브로이로는 산을 올라가는 길이다. 산에서는 바람이 많이 불어서 날씨가

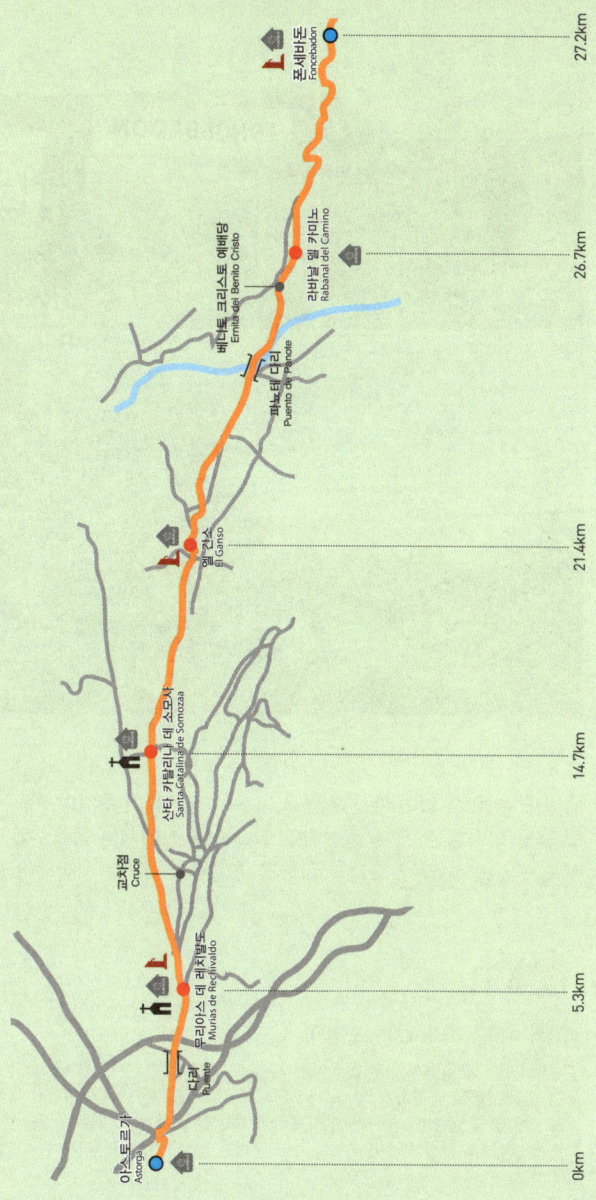

좋아도 추울 수 있기 때문에 몸을 따뜻하게 만들어 주어야 한다. 비가 온다면 우의와 물을 막아줄 수 있는 등산화도 필요하다. 산에서는 음료수를 구할 곳도 없고 간식도 구입할 수 없다. 그러므로 미리 준비해서 하루를 시작해야 한다.

 Tip

폰세바돈과 오세브로이로 준비

산티아고 순례길에서 산을 올라가는 지점은 첫날의 생장피드포트, 폰세바돈과 오세브로이로이다. 폰세바돈을 올라가기 전 마지막 도시는 아스토르가(Astorga)이므로 여기에서 부족한 물품을 구입해 출발하는 것이 좋다. 아스토르가(Astorga)에는 큰 마트나 등산용품 상점이 있다. 아스토르가에서 사전에 날씨 예보를 보고 준비를 할 수 있는 도시라는 점을 인식하도록 하자.

산티아고 순례길을 City & Town

아스토르가^{Astorga} ➡ 무리아스 데 레치발도^{Murias de Rechivaldo} ➡ 산타 카탈리나 데 소모사^{Santa Catalina de Somoza} ➡ 엘 간소^{El Ganso}에서
라바날 델 카미노(Rabanal del Camino) _21.4km

라바날 델 카미노(Rabanal del Camino)
폰세바돈^{Foncebadon}을 올라가기 위해 걸어야 하는 이라고 산길을 앞두고 순례자들이 쉬어가는 전통이 항상 살아있는 마을이다. 중세에 산티아고 순례길이 활성화되면서 성장한 라바날 델 카미노^{Rabanal del Camino}는 템플 기사단이 순례자들이 안전하게 걸어갈 수 있도록 도와주면서 커갔다.

폰세바돈을 넘기 전에 따뜻하게 맞이하고 안전하게 폰세바돈^{Foncebadon}으로 올라갈 수 있도록 기도할 공간인 성당도 지어졌다. 벤디토 크리스토 성당^{Iglesia de Bendito Cristo}은 작은 기도공간으로 시작해 성당이 건축되었지만 조그만 장소였다. 18세기에 지금의 성당으로 건축되고 십자가에 달린 예수상의 제단도 만들어졌다.

라바날 델 카미노^{Rabanal del Camino} - 폰세바돈^{Foncebadon}에서
폰세바돈(Foncebadon)_0km

1,430m의 이라고 산 정상에 있는 마을은 작지만 오 세브로이로와 함께 아름다운 풍경을 볼 수 있는 유일한 장소이다. 이곳을 지나면 철 십자가를 지나면 엘 비에르소로 행정구역이 바뀌는 곳이기도 하다. 11세기 프랑스의 가우셀모^{Gaucelmo}는 순례자 숙소와 성당을 세우면서 폰세바돈의 중요성을 알리기 시작했다.

중세에는 산티아고 순례길이 활성화되어 마을이 커졌지만 19세기부터 산티아고 순례길의 인기가 식고 스페인의 산업혁명이 시작되면서 산을 오르는 사람들의 휴식처로 사용되기도 했다. 하지만 20세기 후반부터 산티아고 순례길이 살아나면서 북적이는 마을이 되었다.

폰세바돈 산 마을은 철 십자가로 유명하지만 해지는 일몰과 해뜨는 일출이 아름답다. 또한 알베르게와 호스텔이 모여 있어서 같이 걷던 순례자들을 모두 볼 수 있다. 알베르게에서 바^{Bar}를 같이 운영하기 때문에 늦은 밤까지 순례자들이 즐길 수 있도록 해준다.

산티아고 순례길을 City & Town

24일차 폰세바돈부터 폰페라다까지 - 27.4km

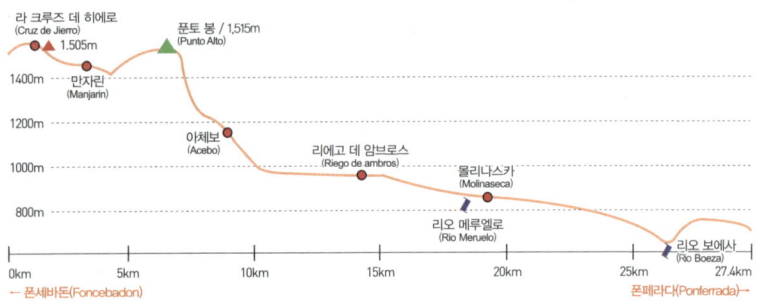

이동경로 / 27.4km

폰세바돈(Foncebadon) - 라 크루즈 데 히에로(La Cruz de Jierro) - 만하린(Manjarin) - 푼토 봉(Punto Alto) - 아세보(Acebo) - 리에고 데 암브로스(Riego de Ambros) - 몰리나세카(Molinaseca) - 폰페라다(Ponferrada)

산 정상에서 내려가는 길

산 정상에서 서서히 걸어서 폰페라다 Ponferrada까지 내려가는 구간이다. 산의 날씨는 변화가 심하므로 보온유지에 신경을 써야 한다. 갑자기 비가 오는 경우도 많은데, 폰페라다까지 상당히 걷는 시간도 다른 구간보다 오래 소요된다.

내려올 때 자갈과 돌로만 이루어진 내리막길도 많아서 천천히 내려오는 것이 중요하다. 잘못 발을 헛디디면 다칠 수 있기 때문이다. 그러므로 미리 준비해서 하루를 시작해야 한다.

산티아고 순례길을 City & Town

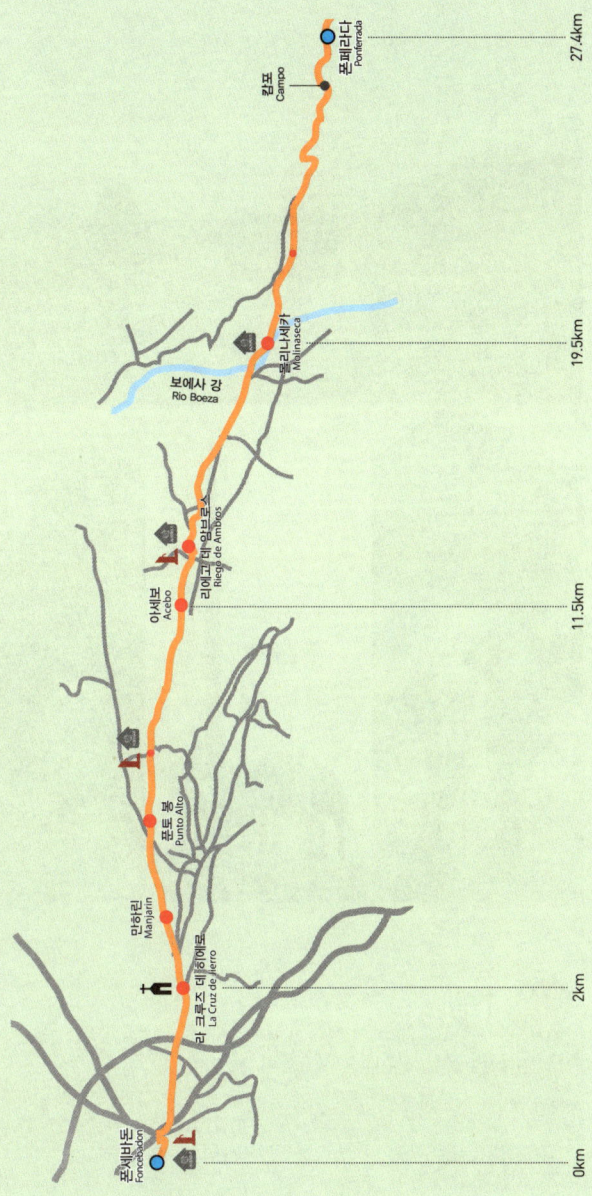

 Tip

폰세바돈의 정상에서 내려오는 준비

바람이 많이 불어서 날씨가 좋아도 추울 수 있기 때문에 몸을 따뜻하게 만들어 주어야 한다. 산에서는 음료수를 구할 곳도 없고 간식도 구입할 수 없다. 비가 온다면 더욱 우의와 등산화가 필요하다. 비가 오면 자갈이나 돌로 된 길이 상당히 미끄럽다.

산티아고 순례길을 City & Town

폰세바돈^{Foncebadon} ➔ 순례자 철 십자가^{La Cruz de Ferro} ➔ 만하린^{Manjarin}
➔ 푼토 봉^{Punto Alto}에서
아세보(Acebo)_11.5km

순례자 철 십자가(La Cruz de Ferro)

산 정상에서 서서히 걸어서 폰페라다^{Ponferrada}까지 내려가는 구간이다. 산의 날씨는 변화가 심하므로 보온유지에 신경을 써야 한다. 갑자기 비가 오는 경우도 많은데, 폰페라다^{Ponferrada}까지 걷는 시간도 다른 구간보다 오래 소요된다. 내려올 때 자갈과 돌로만 이루어진 내리막길도 많아서 천천히 내려오는 것이 중요하다. 그 1차 관문이 순례자 철 십자가^{La Cruz de Ferro}까지이다. 많은 순례자들이 새벽부터 폰세바돈^{Foncebadon}을 출발한다. 해가 뜨기 전에 십자가에 도착해 해가 뜨는 일출을 보는 것도 기억에 남고, 해 뜨는 장면이 상당히 아름답기 때문이다.

1,505m의 순례자 철 십자가는 산티아고 순례길에 있는 십자가 중에서 가장 높이가 높은 5m의 십자가로 돌이 무덤처럼 쌓여 있는 곳 위에 있다. 십자가는 중세에 만들어진 것으로 판단하고 있는 데, 1632년의 소설에도 나오고 있다. 십자가 주위에는 소원이나 다짐, 기도를 드리는 내용을 종이나 자갈에 적어 올려놓거나 묵주하고 같이 놓은 것들도 있다.

아세보(Acebo)

폰세바돈Foncebadon을 출발해 산을 내려오는 길은 쉽지는 않다. 더구나 비가 온다면 더욱 걷기가 힘들다. 그렇게 힘들게 내려오면 평지로 내려왔다는 표시가 되는 마을이 아세보Acebo이다. 산 중턱 밑의 작은 마을에는 산 로케 경당Ermita de San Roque과 산 미겔 성당Iglesia de San Miguel까지 있다.

산티아고 순례길을 City & Town

아세보^{Acebo} ➔ 리에고 데 암브로스^{Riego de Ambros}
➔ 몰리나세카^{Molinaseca}에서
폰페라다(Ponferrada)_15.9km

몰리나세카(Molinaseca)

폰페라다로 들어가기 위해 지나가는 마지막 마을로 여기서 대부분의 순례자는 쉬어간다. 다리를 건너기 전 산 니콜라스 성당 Iglesia Parroquial이 보이는데 꽤나 높은 탑과 성당의 모습에 마을이 큰 도시 같지만 들어서면 작은 마을에 불과하다. 메루엘로 강^{Rio Meruelo}에서 물을 긷고 식수를 사용하는 마을은 바로크 양식의 성당이 중앙에 자리를 잡고 있다.

폰페라다(Ponferrada)

엘 비에르소^{El Bierzo}의 수도인 폰페라다^{Ponferrada}는 산티아고 데 콤포스텔라^{Santiago de Compostela}로 가는 순례자들이 통과하는 중요한 기착지로 기사단이 지은 웅장한 성 아래에 있다.

303

Ponferrada
폰페라다

폰페라다(Ponferrada)는 레온 주에 위치한 약 7만 명의 도시로 스페인 석탄 산업의 중심지였지만 1980년대 말에 들어서면서 많은 광산이 폐광되면서 도시는 쇠퇴하였다. 현재는 순례길이 활성화되면서 관광, 농업이 주를 이루고 있다. 유네스코(UNESCO) 세계 문화유산으로 지정된 로마 제국의 금 광산 유적인 라스 메둘라스(Las Médulas)가 있다. 16세기 카를로스 1세 통치 기간에 지어진 시계탑이 있다.

이름의 유래

폰페라다Ponferrada는 로마 시대의 옛 성채로 만들어진 도시로 11세기부터 산티아고 데 콤포스텔라로 가는 순례의 증가로 폰스 페라타Pons Ferrata에 작은 마을이 생겨났고 철로 보강된 다리를 건설했기 때문에 철 다리라는 뜻의 '폰페라다Ponferrada'라는 이름이 붙었다.

도시의 개발

1178년에 레온의 페르난도 2세 왕은 번창하고 있는 정착지를 성전 기사단의 관리에 두었다. 기사의 성Knights Templar는 원래 존재하고 있던 로마 요새를 사용하여 사람들이 정착하고 지나가는 순례자들을 보호하는 성을 보강하여 추가로 지으면서 도시는 상업적 개발로 이어졌다.

산티아고 순례길을 City & Town

한눈에 폰페라다(Ponferrada) 파악하기

대부분의 주민들은 중세 올드 타운에 몰려 살고 있지만 도시의 상징하는 것은 템플 기사단 성이다. 순례길이 도시의 유적지를 지나가면서 마스카론 다리와 철교를 지나간다. 시청광장에는 아름다운 시청과 시계탑이 있다.

시계탑 옆에는 수녀원^{Convent}이 있다. 2층으로 된 건물은 1565년부터 프란시스코 샘플레르$^{Francisco\ Samper}$에 의해 석조로 세워졌는데, 외관의 아치형 벽감이 특징이다. 시계탑 거리의 끝은 상업 활동의 장소인 엔시나 광장$^{Plaza\ de\ la\ Encina}$로 이어진다.

 Tip

시청(City Hall)
1692~1705년에 페드로 데 아렌(Pedro de Arén)의 디자인을 기반으로 도밍고 델 캄포(Domingo del Campo), 후안 비에르나(Juan Vierna), 디에고 로페스(Diego López), 산티아고 카마요(Santiago Gamallo), 루카스 곤살레스 데 피나스(Lucas González de Pinas)와 같은 석조 장인들이 모두 프로젝트에 참여했다.
▶Plaza del Ayuntamiento s/n 24400   ▶전화 : +34 987424236   ▶www.ponferrada.org

시계탑
현재 남아 있는 유일한 성문인 중세 성벽에 위치한 시계탑은 델 레오흐 거리Calle del Reloj에 접근할 수 있는 라 에라스 아치La Eras Arch 위로 볼 수 있다.
▶Calle del Reloj, s/n. 24400   ▶전화 : +34 987424236   ▶www.ponferrada.org

성모 바실리카(Basílica de la Encina)

1573년 르네상스 양식으로 지어진 성모 바실리카 Basílica de la Encina는 광장에 서 있으며 도시에서 가장 뛰어난 종교 건물이다. 17세기, 바로크 양식의 탑이 추가되었다. 내부는 성모 라 엔시나 Virgen de la Encina의 조각이 인상적이며, 그 중 17세기 마테오 데 프라도 Mateo de Prado의 작품인 높은 제단이 눈에 띈다. 아래에는 르네상스 양식의 레이나 병원 Hospital de la Reina이 있다.

산티아고 순례길을 City & Town

로스 템플라리오스 성(Castillo de los Templrarios)

성은 실 강Rio Sil이 흐르고 언덕 위에 솟아 있으며 역사 지구를 한눈에 바라보고 있다. 불규칙한 정사각형 평면을 가지고 있으며 무엇보다도 도개교에서 해자를 건너는 입구와 아치로 연결된 2개의 큰 타워가 눈에 띈다. 12개의 원래 타워는 별자리의 모양을 재현했다.

12 세기 말에 다각형의 중세 요새에 건설이 시작 되었다. 원래는 언덕 요새였지만 나중에 로마의 요새로 바뀌었다. 12세기 초, 템플 기사단은 산티아고 데 콤포스텔라Santiago de Compostela로 가는 순례자의 길에서 요새를 점령해 확장하여 거주 가능한 궁전과 보호용 성벽을 보강하였다.

기사단의 성은 웅장한 건축물로 입구는 해자에 걸쳐 있는 도개교를 건너 남쪽에 있고, 파사드는 이중 반원형 아치로 연결된 2개의 큰 타워가 측면에 있다. 큰 내부 안뜰을 벗어나면 무기고나 마구간과 같은 많은 방이 있다. 기사단의 도서관과 레오나르도 다빈치의 작품의 팩시밀리 판을 포함하여 거의 1,400권의 책을 포함하는 연구 센터가 있다.

홈페이지_ www.castillodelostemplarios.com 주소_ Avenida del Castillo, s/n. 24400
전화_ +34 987402244 / +34 6694626290

델 비에르소 박물관(Museo del Bierzo)

이전에 감옥이었던 건물의 레로흐 거리^{Calle del Reloj}에 위치한 박물관이 있다. 구석기 시대부터 로마 시대 말까지의 원시 정착지에 헌정된 박물관의 1층에는 석기, 도자기, 조각 컬렉션이 있다. 대량으로 세워진 작은 로마 정착지인 언덕 요새에 헌정된 방이다. 중세의 조각품, 그림, 귀금속 세공품을 보존하고 있다.

25일차 폰 페라다에서 비야프랑카 델 비에르소까지
- 25.4km

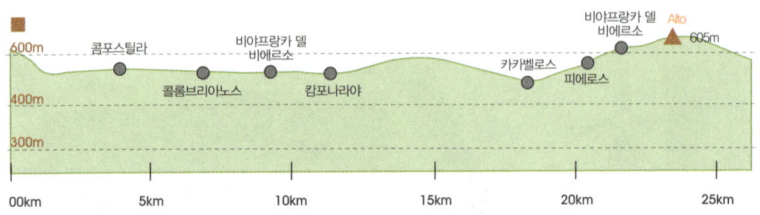

이동경로 / 25.4km

폰 페라다(Ponferrada) – 콜롬브리아노스(Columbrianos) – 캄포나라야(Camponaraya) – 카카벨로스(Cacabelos) – 피에로스(Pieros) – 비야프랑카 델 비에르소(Villafranca del Bierzo)

평지 (오르막길 거의 없음)

폰 페라다에서 산티아고 데 콤포스텔라까지는 약 220km가 남아 있다. 거리가 짧아질수록 무리하게 걷는 일이 발생하므로 자신의 페이스대로 걷는 것이 중요하다. 다행히 폰 페라다에서 카카벨로스 Cacabelos까지는 거의 평지길이어서 걷기는 어렵지 않지만 마지막 비야프랑카 델 비에르소 Villafranca del Bierzo까지 남은 5km가 오르막이라 힘들다.

폰 페라다에서 처음 시작하는 순례자들은 도시를 가로질러 가기 때문에 길을 잘

따라 가는 지 확인하면서 이동해야 한다. 폰 페라다는 작은 도시이지만 순례길을 걸으면서 앞으로 남아 있는 도시 중에 사리아와 함께 가장 큰 도시이기도 하다. 캄포니라야Camponaraya에 있는 와인 공장에 들러 구경을 하고 싶다면 1시간 정도는 지체된다는 것도 생각하고 걸어야 한다.

산티아고 순례길을 City & Town

폰 페라다^{Ponferrada} ➜ 콜롬브리아노스^{Columbrianos}
➜ 캄포나라야^{Camponaraya}에서
카카벨로스(Cacabelos)_17.7km

캄포나라야(Camponaraya)
9세기 이후부터 사람들이 정착하기 시작해 중세에 순례길로 큰 마을이 되었다. 벽돌로 지어진 성당에 종탑이 지어지고 순례자를 위한 성당으로 커져갔다. 20세기에는 네오고딕 양식의 솔레다드 성당^{Iglesia de Soledad}이 추가로 건축되었다.

카카벨로스(Cacabelos)

5천 명이 넘는 인구가 모여 사는 작은 도시인 카카벨로스^{Cacabelos}는 순례자들이 작은 미사를 드리는 성당이 3개나 있다. 쿠아 강$^{Rio\ Cua}$의 지류에 사람들이 모여 살았지만 중세 이전에는 마을로서 기능을 하지 못했다. 9세기에는 무어족이 공격하면서 마을은 황폐해졌다.
중세부터 순례자들이 지나가면서 12세기에는 산티아고 데 콤포스텔라의 주교가 마을을 복구하고 성당을 짓기 시작했다.

입구에 작은 성당인 산 로케 성당$^{Iglesia\ de\ San\ Lazaro}$은 순례자를 치료하고 휴식을 위해 만들어졌다. 마을의 중심 도로를 걸어가면 2번째로 보이는 성당은 16세기에 산타 마리아 데 라 플라사 성당으로 산티아고 데 콤포스텔라의 대주교인 디에고 헬미레스가 재건하면서 지었다. 쿠아 강$^{Rio\ Cua}$ 건너 마을의 마지막에 보이는 성당은 18세기에 지어진 라 퀸타 안구스티아 성당$^{Iglesia\ de\ la\ Quinta\ Angustia}$으로 주민들이 미사를 드리는 성당이다.

산티아고 순례길을 City & Town

카카벨로스 Cacabelos → 피에로스 Pieros 에서
비야프랑카 델 비에르소
(Villafranca del Bierzo) _7.7km

비야프랑카 델 비에르소(Villafranca del Bierzo)
마을에 도착하면 공립 알베르게가 있고 산티아고 성당과 델 비에르소 성이 보인다. 공립 알베르게의 시설은 좋지 않지만 운치는 있는 알베르게이다. 마을 중심으로 이동하면 카르푸가 있으니 필요한 먹거리나 물품을 구입하면 된다.

Villafranca del Bierzo

비야프랑카 델 비에르소

고풍스러운 산악 마을 비야프랑카 델 비에르소 Villafranca del Bierzo는 작은 콤포스텔라인 '라 페케냐 콤포스텔라 la pequeña Compostela'로 알려져 있다. 산티아고 성당 Iglesia de Santiago에는 용서의 문인 '푸에르타 델 페르돈 Puerta del Perdón'이 있다.

도시의 다른 별칭

12세기부터 성당은 순례자들이 축복을 받을 수 있었고, 지금도 받을 수 있는 산티아고 데 콤포스텔라 대성당 외에 같은 일을 할 수 있는 유일한 다른 성당이다. 그래서 비야프랑카 델 비에르소Villafranca del Bierzo의 별명이 '작은 콤포스텔라Little Compostela'라고 부르고 있다.

한눈에 비야프랑카 델 비에르소 파악하기

마을 입구에 있는 12세기 로마네스크 양식의 산티아고 성당에는 용서의 문Puerta del Perdón이 있다. 비야프랑카Villafranca 후작의 마르케스 궁전Palacio de los Marqueses을 보기에 가장 좋은 곳은 델 아구아 거리Calle del Agua이다.

시내로 들어서면 중앙 광장에 회관이 있고 주변에는 카페와 상점들이 몰려 있다. 광장에서 이어진 산 헤로니모 거리Calle de San Geronimo를 걸어가면 산 프란시스코 성당Iglesia de San Francisco에 도착하게 된다.

산티아고 성당(Iglesia de Santiago)

과도기적인 로마네스크 스타일의 이곳에는 배럴 볼트로 덮인 단일 본당이 있는 평면도가 있다.

가장 흥미로운 장소는 '용서의 문 Puerta del Perdón'으로 알려진 남쪽이다. 산티아고 데 콤포스텔라에 가지 못한 순례자들을 위해 용서의 문을 통과한 후 이곳에서 축복을 받을 수 있는 것이었다.

1186년에 아스토르가 Astorga 주교가 교회 건축을 승인하는 교황의 칙서를 받은 때부터 시행되었다. 용서의 문은 산티아고 데 콤포스텔라 대성당의 성문처럼 '성년'에만 열려 있다.

Tip

요구 조건

순례자라고 모두 축복을 받을 수 있는 것은 아니었다. 필요한 거리를 걷고, 미사에 참석하고, 기도를 행하며, 질병이나 신체적 문제점으로 산티아고 데 콤포스텔라까지 계속 걸어갈 수 없음을 증명할 수 있어야 했다.

마르케세스 성 / 궁(Palacio de los Marqueses)

16세기에 만들어진 모서리에 둥근 포탑이 있는 큰 사각형 모양의 탑이 있고, 그 주변으로 정원이 있다. 궁전의 방은 중앙 내부 안뜰 주위에 배열되어 있다.

산 프란시스코 성당(Iglesia de San Francisco)

13세기에 물의 거리 옆으로 작은 수도원이 있었다. 그 후로 고딕 양식으로 수도원이 증축되었다가 17세기에 설립된 바로크 양식으로 개축된 후 지금에 이르렀다. 아시시의 산 프란시스코$^{San Francisco}$가 순례 중에 방문하면서 산 호세$^{San\ José}$ 수녀원이 지은 고딕 양식의 산타 마리아 성당이 시대에 맞춰 변화된 성당이다.

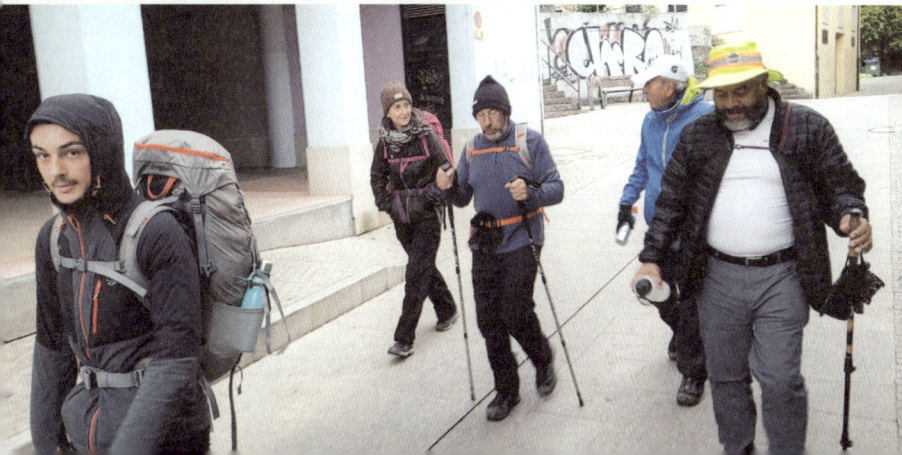

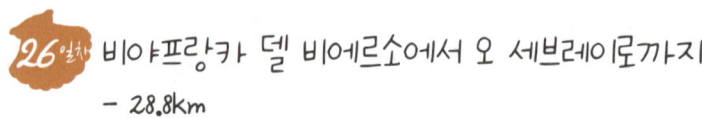
26일차 비야프랑카 델 비에르소에서 오 세브레이로까지
- 28.8km

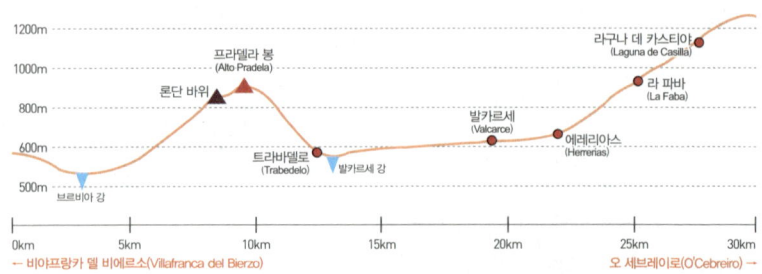

> **이동경로 / 28.8km**
>
> 비야프랑카 델 비에르소(Villafranca del Bierzo) – 부르비아 다리(Puente de rio Burbia) – 트라바델로(Trabadelo) – 베가 데 발카르세(Vega de Valcarce) – 루이텔란(Ruitelan) – 에레리아스(Herrerias) – 라 파바(La Faba) – 라구나 데 카스티야(Laguna de Castilla) – 오 세브레이로(O'Cebreiro)

오르막길 (지속적인 오르막길)

200km의 남은 길 중에 가장 힘든 길일 것이다. 길도 N-VI 도로를 걸으면서 A-6고속도로가 완공되면서 통행량이 줄어들기는 했지만 빠르게 이동하는 차량도 조심해야 한다. 오르막길도 단순한 오르막길이 아니라 1,330m의 산을 올라가야 하기 때문에 걷는 시간도 오래 걸린다.

 **Tip**

> **미리 판단하자!**
>
> 걷는 거리도 28.8km가 넘기 때문에 이동하는 시간도 상당히 오래 걸린다. 아침 일찍 출발해 걸어야 밤늦게 산을 넘어가는 상황을 막을 수 있다. 늦게 출발을 했다면 25km 지점에 있는 라 파바(La Faba) 알베르게에서 하룻밤을 보내고 다음날 일찍 오 세브로이로(O'Cebreiro)로 출발하는 것을 추천한다.

산티아고 순례길을 City & Town

갈리시아 지방으로 넘어갔다는 표지석

비야프랑카 델 비에르소^{Villafranca del Bierzo} → 부르비아 다리^{Puente de rio Burbia} → 트라바델로^{Trabadelo} → 베가 데 발카르세^{Vega de Valcarce} → 루이텔란^{Ruitelan} → 에레리아스^{Herrerias}에서

라 파바(La Faba)_23.7km

라 파바(La Faba)

오 세브로이로^{O'Cebreiro}까지 걷는 구간은 상당히 지루하고 도로 옆으로 걸어가야 하기 때문에 풍경도 아름답지는 않다. 이럴 때는 차라리 혼자보다는 같이 걸어가면서 이야기를 나누는 것이 덜 피곤하다.

오 세브로이로^{O'Cebreiro}로 들어가는 산길이 시작되는 곳이 라 파바^{La Faba}이다. 오른쪽으로 작은 성당이 보이면 이곳이 레온 주와 갈리시아^{Galicia} 주의 경계지점이다.

갈리시아(Galicia)

갈리시아Galicia 주는 대서양으로 흐르는 멕시코 난류가 흐리기 때문에 아일랜드와 비슷한 날씨를 보인다. 자주 소나기와 뇌우가 생기고 비도 자주 온다. 해안이 가까워 해산물이 풍족하여 비가 오면 삶은 문어나 조개, 진하고 뜨거운 고기 스튜 같은 수프를 먹는다.

 Tip

스페인에서 가장 가난하지만 안전한 주

갈리시아(Galicia)는 스페인에서 가장 가난한 주로 알려져 있다. 그런데 특이하게 범죄가 스페인에서 가장 적은 주라는 사실이다. 스페인 정부는 이러한 사실이 무엇인지 조사를 했고 결과를 발표했다. 산티아고 순례길의 종료 지점인 산티아고 데 콤포스텔라가 있는 갈리시아(Galicia) 주는 순례길을 걷는 순례자들과 주민들이 함께 대한민국의 '정'과 비슷한 느낌을 가지게 되는 정신적인 평화로운 느낌을 받는다. 전통과 가톨릭 신앙이 어우러져 끈끈한 정을 자랑하면서 살아가는 곳이다.

라 파바 La Faba → 라구나 데 카스티야 Laguna de Castilla 에서
오 세브레이로(O'Cebreiro)_5.1km

오 세브레이로(O'Cebreiro)

갈리시아 지방의 시작은 오 세브레이로 O'Cebreiro이다. 산티아고 순례길의 마지막 지방으로 들어가는 곳이지만 가파른 길이 이어지기 때문에 힘에 부칠 수 있다. 되도록 휴식을 많이 취하면서 마지막 지점인 성당으로 걸어가야 한다.

오 세브레이로 O'Cebreiro는 고지대에 있는 아름다운 마을이다. 하지만 대부분은 힘들게 도착하여 피곤한 몸은 잠으로 이끌게 된다. 9세기에 만들어진 산타 마리아 왕립 성당 Iglesia de Santa Maria Real과 노란색 화살표를 처음으로 사용한 삼페드로의 흉상이 있는 박물관이 볼만하다.

산티아고 순례길을 City & Town

산타 마리아 왕립 성당(Iglesia de Santa Maria Real)

9세기에 지어진 성당은 '성체의 기적'으로 유리장 안에 글자가 새겨진 유해와 함께 있다. 산티아고 순례길을 걸어가는 데 오 세브로이로까지 산을 걸어 올라가야 하는 순례자들에게 휴식처로 중요한 장소였고 지금도 그 역할을 수행하고 있다.

14세기에 비오는날에 농부는 미사에 참석하기 위해 성당으로 걸어갔다. 미사를 하던 신부는 신앙이 부족하다고 질책하고 있었다. 신부가 빵과 포도주를 마을 사람들에게 부어주자 실제 살과 피로 변하는 기적이 일어났다고 전해진다. 1466년 이것이 사실이라고 전해졌고 순례자들은 거룩한 성당에서 미사를 보려고 찾아왔다. 그 증거로 유리장 옆에 성체의 기적의 순간 집전한 사제와 신자의 무덤이 같이 있다.

27일차 오 세브로이로에서 트라야카스텔라까지 - 20.7km

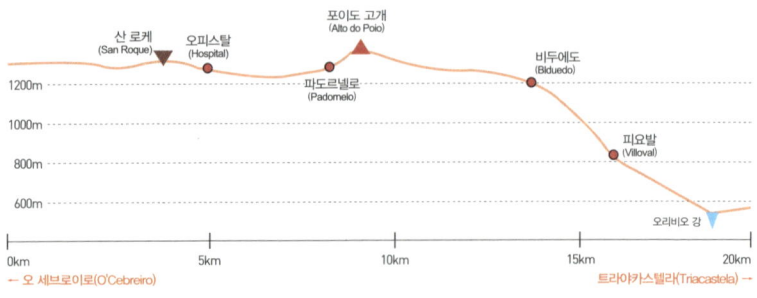

> **이동경로 / 20.7km**
>
> 오 세브로이로(O'Cebreiro) - 포요 고개(Alto de Poio) - 비두에도(Biduedo) - 트라야카스텔라(Triacastela)

평지 길 (내리막길에서 더 다칠 수 있다.)

오 세브로이로까지 왔다면 이제 산을 오르는 오르막길이 없다. 그런데 포요 고개 Alto de Poio를 오르는 언덕은 힘들다. 더군다나 길을 걸은 지 얼마 안 되는 시간에 고개가 나오기 때문에 더 힘들게 느껴진다. 고개 정상에 있는 바Bar에서 잠시 쉬었다가 내리막길을 걸으면 된다. 어제보다 거리도 짧기 때문에 급하게 걷지 말고 천천히 풍경을 감상하면서 걷는 것이 좋다.

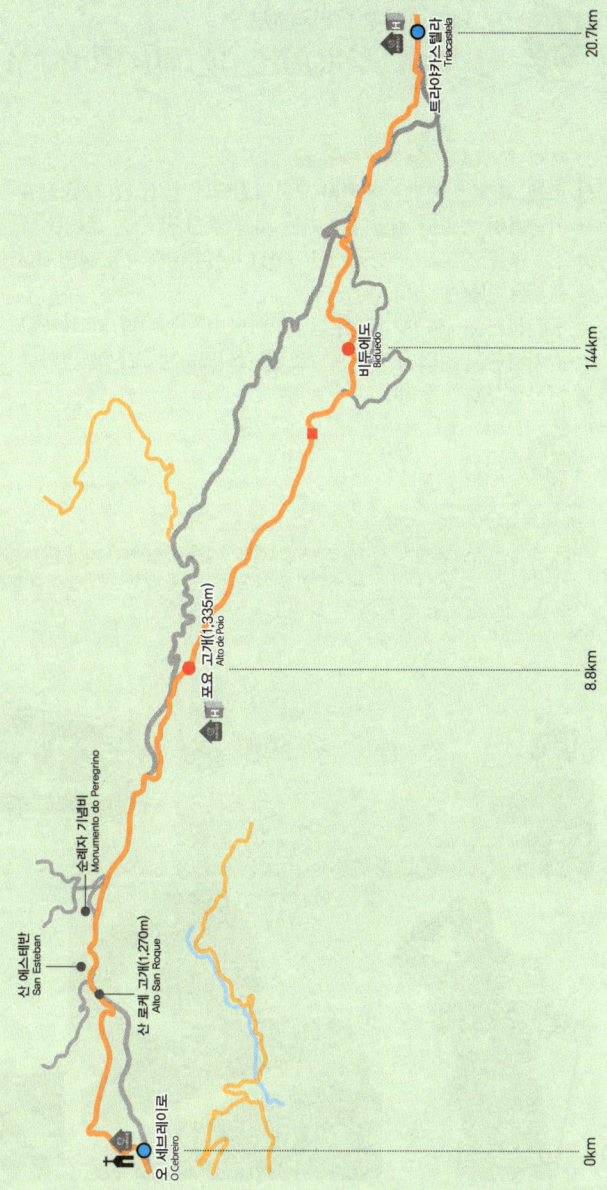

오 세브로이로^{O'Cebreiro}에서
산 로케 고개(Alto de San Roque)_8.8km

산 로케 고개(Alto de San Roque)

산 로케 고개^{Alto San Roque}에까지 오르막길인데 쉽지 않다. 정상에 도착하면 큰 순례자 기념물이 있으니 쉬었다가 가는 것을 추천한다. 산 로케는 13~14세기 인물인데 상속을 받을 정도로 부자였지만 평생 가난한 순례자로 살면서 사람들을 위해 치료를 해주는 일을 하였다.

로마로 성지순례를 떠나면서 이탈리아의 피아젠차를 지나가면서 전염병에 걸렸지만 완치하면서 하나님의 은총으로 완치되었다는 확신에 병마를 겪는 사람들을 위해 헌신했다고 전해진다.

 Tip

푸에르토(Puerto) 카페

노부부와 아들이 운영하는 카페로 심하게 오르막길을 걷기가 쉽지 않은 데 정상에 카페가 있어 너무 반갑다. 카페에서 쉬면서 커피를 마시거나 간단하게 요기를 하고 출발하는 것이 좋다. 할머니는 사람들을 좋아하고 이야기를 나누고 싶어 한다.

산티아고 순례길을 City & Town

 산 로케 고개 Alto de San Roque → 비두에도 Biduedo 에서
트리아카스텔라(Triacastela)_11.9km

트리아카스텔라(Triacastela)
12세기부터 시작된 마을에는 수도원이 생겨나면서 순례자들의 방문이 늘어났다. 16세기에 만들어진 성당에 도시의 상징이 새겨져 있다. 성당은 18세기에 로마네스크 양식의 교회로 보수되면서 재료가 부족해 채석장에서 돌을 가지고 들어오면 성당에서 지낼 수 있도록 하면서 순례자들은 돌을 가지고 오고 그것을 카스테네다 Casteñeda 가마로 옮겨 반듯한 돌로 재탄생한 것을 사용했다. 마을에는 7월 16일, 산 마메데 San Mamede 를 기념하는 축제가 열리고 있다.

28일차 트리아카스텔라에서 사리아까지 - 25km

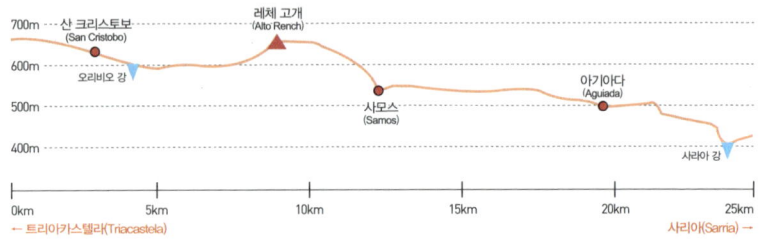

> **이동경로 / 25km**
> 트리아카스텔라(Triacastela) – 산 크리스토보(San Cristobo) – 사모스(Samos) – 다리(Puente) – 아기아다(Aguiada) – 사리아(Sarria)

평지 길 (전체적으로 평이한 길)

트리아카스텔라Triacastela에서 사모스Samos로 이동하는 루트는 2가지(남쪽 루트 / 산실을 경유하는 북쪽 루트)이다. 대부분의 순례자들은 남쪽 루트를 따라 이동한다. 북쪽 루트는 거리가 6.km가 더 짧지만 험난하다. 그래서 포장도로인 남쪽 루트를 따라 길을 걸어간다.

오리비오 강Rio Oribio의 숲길을 따라 11.7km를 걸어가면 사모스에 도착하는 데 스페인에서 가장 오래된 수도원이 있는 곳이다. 사모스에서 점심을 해결하고 쉬었다가 사리아까지 걸어가면 된다. 대부분 차량도로의 옆으로 걸어가기 때문에 차량을 조심해야 한다.

산티아고 순례길을 City & Town

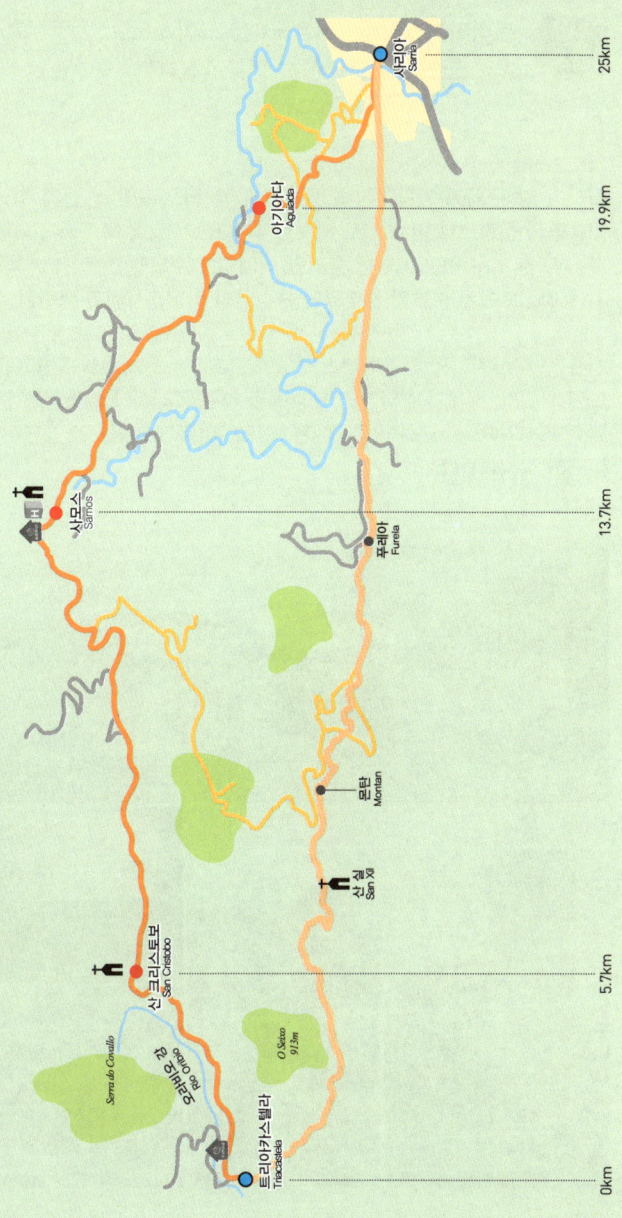

트라야카스텔라^{Triacastela} ➔ 산 크리스토보^{San Cristobo}에서
사모스(Samos)_13.7km

사모스(Samos)

사리아 강 근처에 만들어진 도시는 6세기부터 수도원과 함께 형성되었다. 8세기 이슬람의 침입으로 빈 도시로 버려졌다가 8세기 말에 복구되어 10세기부터 베네딕토 수도원이 운영되었다. 산 훌리안 베네딕토 수도원^{Abadia Benedictina de San Julian}은 6세기에 이집트에서 순교한 부부였던 훌리안과 바실리사에게 봉헌된 수도원이다.

지속적인 보수로 인해 로마네스크, 고딕, 르네상스, 바로크 등의 다양한 양식이 수도원에 있다. 16세기에 바다의 요정을 뜻하는 네레이다스 회랑을 중심으로 분수가 설치되어 있다. 수도원의 입구에는 18세기 바로크 양식으로 상단부와 하단부로 구분되어 장식되었다.

산티아고 순례길을 City & Town

사모스^{Samos} → 다리^{Puente} → 아기아다^{Aguiada}에서
사리아(Sarria)_11.7km

사리아(Sarria)

산티아고에서 114㎞ 떨어진 중세 도시는 산티아고 데 콤포스텔라까지 걸어 완주증인 콤포스텔라^{Compostela}를 획득할 수 있는 마지막 장소이다. 여러 고고학 유적지와 언덕 요새 유적에서 발굴된 거석 무덤을 보면 고대부터 사람이 거주해 왔지만 최초의 정착민이 누구인지 확인하기는 어렵다. '빌라노바 데 사리아^{Vilanova de Sarriá}'라는 이름으로 알폰소 4세에 의해 도시는 확장되었다.

고딕 양식의 13세기 산 살바도르 성당^{Iglesia de San Salvador}은 마요르^{Maior}에서 '사리아 요새^{Fortress of Sarria}'라고 불리는 중세의 유일한 탑이 남아 있다. 타워 주변에는 한 달에

3번 지역의 전통 제품을 선보이는 박람회가 열린다. 중세 시대부터 사리아Sarria는 13세기 초에 순례자였던 이탈리아 수도사들이 순례 병원으로 설립한 막달레나 수도원Monasterio de la Magdalena이 보존되고 있다. 작은 회랑과 교회가 있는 현재 건물은 15~18세기에 이르는 다양한 건축 양식이 혼합되어 있다.

 Tip

마지막 110km의 도시, 사리아(Sarria)

사리아(Sarria)부터 산티아고 순례길의 마지막 도시인 산티아고 데 콤포스텔라까지 110㎞이다. 마지막 110㎞를 걸어가 순례자 완주증을 받을 수 있기 때문에 가장 많은 순례자가 머물게 된다. 현실적으로 성인들이 오랜 시간동안 순례길을 걷기가 힘들기 때문에 폰 페라다(Ponferrada)나 사리아(Sarria)로 들어온다. 기차나 버스를 타고 사리아(Sarria)에 도착하여 4~5일 동안 걸으면 된다.
알베르게는 4개 정도가 있지만 다음날 이동을 위해서는 사리아의 마지막 부분에 있는 알베르게에서 숙박을 하는 것이 편리하다.

산티아고 순례길을 City & Town

막달레나 수도원 & 산 살바도르 성당

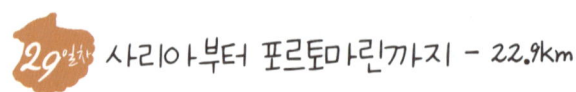
29일차 사리아부터 포르토마린까지 - 22.9km

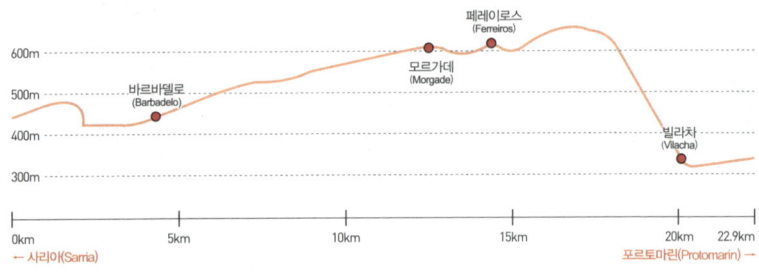

> **이동경로 / 22.9km**
> 사리아(Sarria) - 바르바델로(Barbadelo) - 모르가데(Morgade) - 빌라차(Vilacha) - 포르토마린(Portomarin)

처음 오르막길을 빼면 평지 길 (전체적으로 평이)

사리아 성당에서 직진으로 가면 순례자의 길이 시작된다. 도시를 벗어날 때 어두운 아침이라면 길을 혼동할 수 있다. 오른쪽으로 돌아가는 작은 다리를 건너야 한다. 위로 직진하면 안 되니 처음에 노란색 화살표를 잘 보고 이동하도록 하자. 포르토마린까지 미로 같은 좁은 길, 내리막길, 오솔길, 포장도로를 지나며 노란 화살표를 잘 보고 가야 길을 놓치지 않는다.

산티아고 순례길을 City & Town

341

# 사리아^{Sarria} → 바르바델로^{Barbadelo} → 모르가데^{Morgade} → 빌라차^{Vilacha}에서
포르토마린(Portomarin)_22.9km

110㎞ 순례자를 위한 조언

사리아^{Sarria}에는 중심가인 '루아 마이오르'가 있다. 작지만 산티아고를 가는 110㎞안에서는 작지 않은 도시라는 사실을 알게 된다. 기차역에서 나오면 택시들이 서 있고 오른쪽으로 걸어 올라가면 성당과 예배당, 알베르게^{Albergue}가 모여 있다. 겨울을 제외하고는 버스와 기차를 타고 순례자들이 많이 들어오기 때문에 사리아^{Sarria}에 있는 알베르게^{Albergue}는 상당히 북적인다.

마드리드^{Madrid}에서 사리아^{Sarria}로 이동해 걷는 110㎞ 순례자들은 약 4~5일 정도 걸어서 산티아고 데 콤포스텔라로 들어간다. 짧은 시간에 110㎞를 걷기 때문에 부족한 물품들은 사리아^{Sarria}에 도착하면 사서 이용하면 된다.

사리아^{Sarria}에 저녁에 도착하면 알베르게^{Albergue}로 이동하여 알베르게^{Albergue}에서 크레덴시알, 즉 순례자여권을 만들어 지나가는 곳마다 도장을 받아야 한다. 110㎞부터 걷는 순례자들은 하루에 도장을 최소 2개 이상씩 받아야 한다.

너무 도장의 개수가 적으면 산티아고 순례길 사무소에서 걸어가지 않은 것이 아닌지 의문을 가지기 때문이다. 아침, 점심, 저녁 식사를 하기위해 바BAR나 카페에 간다면 도장을 받도록 하자. 그래야 산티아고 순례자 사무소에서 순례자 완주를 했다고 인정해 준다.

 Tip

바르(BAR)

처음 들어갈 때는 술집에 들어간다고 생각하는 분들이 계신다. 술집에서 밥을 먹으려 하냐고 묻기도 한다. 하지만 스페인의 바르(BAR)는 전혀 다르다. 우리나라는 술집이지만 스페인에서는 아침에 커피로 시작해 점심때는 점심을 먹고, 점심 식사 후에 잠시 저녁을 먹기 전에 음료수와 간식을 먹을 수 있다.

저녁에는 술을 먹는 장소로 변신하기도 한다. 한마디로 마을 사람들이 모여서 아침부터 밤까지, 밥부터 술까지 다 제공하는 우리 시골의 마을회관 같은 장소로, 도시에서는 카페 역할도 같이 있다.

오레오 Hórreo

갈리시아Galicia 지방을 걸어가면 많은 농가 옆에는 오레오Hórreo가 있다. 나는 처음에 '오레오Hórreo'라고 하기에 과자이름을 이야기해서 농담하는 줄 알았다. 하지만 오레오Hórreo는 곡물을 저장하기 위해 지어진 것이다. 오레오Hórreo는 돌과 나무로 지은 좁고 높은 전통적인 '옥수수 헛간'이다.

화강암으로 담을 만들고 그 위에 자리 잡고 있어 쥐가 들어오지 못하도록 평평한 돌을 덮고, 그 위는 안에 쌓아둔 옥수수 속대들 사이로 바람이 통과할 수 있도록 나무판자로 만들어져 있다. 왜 옥수수를 저장하냐고 물으니 옥수수는 예전에 빵을 만드는 데에 필수적인 재료여서, 저장이 중요했다고 한다.

우리의 쌀을 저장하는 '곳간'과 같은 곳이다. 쥐를 막기 위해 갉아 먹을 수 없는 화강암으로 쌓아 올려서 쥐가 들어갈 수 없도록 만든 옛날 사람들의 지혜를 볼 수 있었다.
이제 먹는 오레오는 그만! 산티아고 '오레오Hórreo'는 다르답니다.

대한민국 순례자들의 착각

생장 피드포트부터 약 800㎞를 걷는 순례자들은 오랜 시간 동안 걸어서인지 비가 오든 햇빛이 가득한 땡볕이든 잘 걷는다. 그런데 갈리시아Galicia 지방으로 들어가면 그동안의 날씨와는 다르다는 것을 알 수 있다. 사리아Sarria부터 걷기 시작하는 단기 순례자는 갈리시아 지방에 대해 모르고 순례길에 대해 사전 지식이 부족해 나에게 많은 이야기를 하는 것을 들었다. 아래는 내가 들었던 내용을 적은 것이다.

가끔 왜 비가 와서 걷는 내 기분을 망치는지 알 수가 없다. 비에 땅도 질퍽해지면서 발도 무거워지고 흙탕물이 바지 이리저리 튀어 위아래로 난리가 난다.

아직 적어도 20㎞는 더 가야 목적지가 보일 것 같은데 어쩔까 모르겠다. 이렇게 많은 순례자가 찾아 오는 여긴 왜 길이 이 모양인지…. 스페인 나라에서 길을 좀 예쁘고 편하게 다듬어야 되지 않을까? 중간 중간 쉴 수 있는 벤치도 준비해놓고 식수대도 설치하고, 화장실도 만들면 좋을 텐데…… 멀리서 부푼 마음으로 찾은 나를 실망시키는 거 같다.

갈리시아 지방은 날씨가 변화무쌍하고 비도 자주 내린다. 시골길을 걸어가는 순례자는 묵묵하게 걸으며 자신에 대해 생각하는 시간을 가져야 하는데 남탓만 하는 경우도 많다. 그러기보다는 긍정적 마인드로 걸어가는 것이 나을 것이다.

포르토마린(Portomarín)

포르토마린Portomarín으로 이어지는 2차선 도로가 나오고 미뇨 강Rio Miño강을 보면 오늘의 종착지가 얼마 남지 않았다. 포르토마린Portomarín 다리를 건너면 마을이 나오는데 규모가 크지는 않다.

1960년대에 미뇨 강Rio Miño은 벨레사르Belesar 저수지를 만들기 위해 댐이 건설되면서 포르토마린Portomarín의 옛 마을은 물에 잠겼다. 그래서 결국 도시의 가장 유서 깊은 건물은 벽돌로 옮겨졌고 산 후안 성당은 산 니콜라스 성당Iglesia de San Nicolás으로 새로운 포르토마린Portomarín에서 재건되었다. 댐의 수위가 낮은 계절에는 고대 건물의 유적, 해안가, 오래된 다리가 여전히 보인다.

 Tip

다리를 건너기 전 종을 쳐 보자!

포르토마린(Portomarin)에 도착하려면 다리를 건너야 한다. 상당히 피곤한 순례자들은 빨리 다리를 건너가기 바쁘다. 그러나 다리를 건너기 전에 다리 왼쪽에 하트 모양 안에 있는 종이 있다. 종을 치면서 순례자들이 겪은 고통을 종소리와 함께 날려 보낼 수 있다.

니에베스의 성모 경당(Ermita de Santa Maria de las Nieves)

꽤 긴 다리를 건너 경사가 급한 돌계단이 나오는 데, 올라가 아치문을 지나가 보자. 이제부터 포르토마린Portomarín이다. 2세기 로마 시대에 만들었던 다리에서 유일하게 남은 부분으로 포르토마린Portomarín의 상징과도 같다. 계단을 올라가면 작은 문이 있고, 위에는 니에베스의 성모 경당이 있다. 적을 쉽게 찾을 수 있는 타워와 같은 역할을 하였다.

산 니콜라스 성당(Iglesia de San Nicols)

성당과 성으로 동시에 설계되어 두 건물의 건축적 특징을 모두 가지고 있는 이례적인 후기 로마네스크 양식의 성당이다. 본당 , 반원형 후진, 로마네스크 양식의 성당은 로마네스크와 고딕양식이 교차하는 지점의 정면에 있는 창을 통해 들어오는 빛과 톱니모양의 지붕이 특징이 있다.

성 주변은 4개의 방어 타워의 각 모서리에 하나씩 있으며 그 뒤에는 평지가 있다. 푸에블로 근처에 있는 성당 주변에 다양한 상점과 카페가 밀집되어 있으니 여기서 모든 것을 해결하면 된다.

30일차 포르토마린부터 팔라스 데 레이까지 - 26.1km

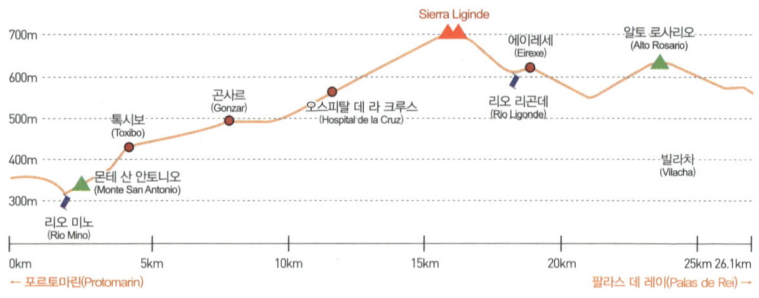

이동경로 / 26.1km

포르토마린(Portomarin) – 곤사르(Gonzar) – 오스피탈 데 라 크루스(Hospital de la Cruz) – 에이레세(Eirexe) – 아 브레아(A Brea) – 팔라스 데 레이(Palas de Rei)

완만한 오르막길

지도를 보면 오스피탈 데 라 크루스까지 오르막길로 이어진다. 2차선 도로의 좌우로 걸어가도록 되었는데, 차가 꽤 지나다니는 국도이다. 가끔 도로 옆 소로길이 없어져 도로를 걷기도 하지만 조심해야 한다.

N-547도로의 옆으로 소로길이 계속 이어지고 작은 마을들이 나오는 전형적인 스페인 시골마을이다. 리곤데 산맥과 로사리오 고개를 올라가야 해 피곤이 빨리 찾아온다. 팔라스 데 레이는 S자 형태의 구부러진 도로가 마을을 통과해 알베르게 까지 이어진다. 중세에 이 마을은 순례의 마지막 단계에서 순례자들이 쉬거나 함께 가는 그룹을 만들었던 곳이다.

Tip

멜리데까지 가려는 순례자를 위한 조언

포르토마린에서 팔라스 데 레이까지는 조금 오르막길이 많은 편이다. 그 이후 멜리데까지는 40km인데, 팔라스 데 레이 이후에는 평탄한 길이라 멜리데까지 가는 경우도 있다. 멜리데까지 가겠다고 생각한다면 포르토마린에서는 일찍 출발하는 것이 좋다.

산티아고 순례길을 City & Town

포르토마린Portomarin ➔ 곤사르Gonzar
➔ 오스피탈 데 라 크루스Hospital de la Cruz에서
리곤데(Ligonde)_15km

리곤데(Ligonde)
중세부터 순례길이 활성화되면서 마을이 형성되고 16세기에는 펠리페 2세Fellipe 2가 머물던 집인 카사 드 카르네이로Casa de Carneiro에 가문의 문장이 남아 볼 수 있다. 언덕으로 십자가가 보이는 산티아고 성당Iglesia de Santiago에는 로마네스크 성당의 형태가 아직 남아 있다.

리곤데^{Ligonde} → 에이레세^{Eirexe} → 아 브레아$^{A\ Brea}$에서
팔라스 데 레이(Palas de Rei)_11.1km

팔라스 데 레이(Palas de Rei)
로마 시대부터 군사들이 모여 있는 정착촌에서 시작되어 군사 문화와 밀접하게 관련되어 있다. 702~710년 사이에 통치한 서고트족 왕 위티차^{Witiza}의 궁전에서 이름 "팔라티움 레기스$^{Pallatium\ regis}$"에서 마을 이름이 시작되었다.

로마네스크 양식은 스페인의 산티아고의 순례길이 활성화되면서 대부분의 산티아고 순례길의 성당에는 종교 건축물에 흔적을 남겼다. 빌라 데 도나스$^{Vilar\ de\ Donas}$ 성당에는 갈리시아 지방에서 잘 보존된 로마네스크 양식의 벽화가 유명하다. 팔라스 데 레이$^{Palas\ de\ Rey}$ 시청에는 요새, 탑, 성, 여러 저택 및 장식된 가옥의 유적이 보존되어 있어 한번은 방문할 가치가 있다. 시청 건너편에 알베르게가 있어 찾아가는 것은 어렵지 않다.

31일차 팔라스 데 레이부터 아르수아까지 - 29.4km

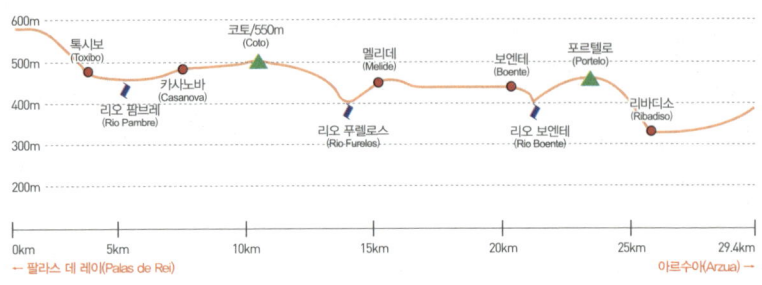

> **이동경로 / 29.4km**
>
> 팔라스 데 레이(Palas de Rei) - 레보레이로(Leboreiro) - 멜리데(Melide) - 보엔테(Boente) - 리바디소(Ribadiso) - 아르수아(Arzua)

평지길

오늘은 마지막으로 약 30km 정도 걷는 힘든 하루가 될 것이다. 되도록 일찍 출발하는 것이 어두운 저녁에 들어가지 않는 방법이다. 팔라스 데 레이에서 멜리데까지는 평지에 아스팔트가 많다. N-547번 도로를 따라 가기도 하고 터널도

지나가기도 한다. 나머지 구간은 숲으로 이루어진 길인데 평지여서 어렵지는 않다. 멜리데는 스페인 북부의 해안에서 잡히는 문어로 만드는 매콤한 뽈뽀Polpo가 유명하다. 26km걷고 나서 마주하는 리바디소에서 걷는 약 3km의 오르막길은 의외로 힘이 든다. 천천히 걸어가도록 하자.

 Tip

자신의 체력에 따라 걷는 일자를 조정하자.

멜리데까지 오면 약 50㎞를 남겨 놓았다고 생각하면 된다. 이제 하루를 온전히 걷고 다음날 산티아고로 들어갈 수도 있고 나누어서 2일을 더 걸어 들어갈 수도 있다. 리바디소는 작은 마을로 이소 강가에 자리하고 있다. 아르수아(Arzua)까지 가벼운 오르막으로 약 3㎞정도 가면 도착할 수 있다.

산티아고 순례길을 City & Town

 팔라스 데 레이^{Palas de Rei} ➡ 레보레이로^{Leboreiro}에서
멜리데(Melide)_15.3km

멜리데(Melide)

스페인 북서부의 멜리데^{Melide}는 프랑스 길과 북쪽 길, 2개의 산티아고 순례길이 지나는 유일한 도시이다. 멜리데^{Melide}는 신석기 시대부터 사람이 살았지만 작은 마을에 불과했다. 산티아고 순례길이 중세부터 활성화된 후 성장하고 중요해지기 시작했다. 멜리데^{Melide}는 도시 중앙을 가로지르는 도로가 길게 이어져있고 산 로케 공원을 지나 올드 타운^{Old Town}에 도착하게 된 것이다.

 Tip

뽈뽀(Polpo)

멜리데(Melide)는 스페인 북부의 해안에서 잡히는 문어로 만드는 매콤한 뽈뽀(Polpo)가 유명하다.
삶은 문어에 고춧가루와 올리브유를 뿌려 매콤한 뽈뽀(Polpo)가 유명하여 맛집으로 알려진 에세길(Ezsquiel)에서 먹는 경우가 많다. 하지만 이곳이 아니어도 멜리데의 다른 곳에서 맛집을 찾아낼 수도 있을 것이다.

Melide
멜리데

스페인 북서부의 멜리데Melide는 프랑스 길과 북쪽 길, 2개의 산티아고 순례길이 지나는 유일한 도시이다. 멜리데Melide는 신석기 시대부터 사람이 살았지만 작은 마을에 불과했다. 산티아고 순례길이 중세부터 활성화된 후 성장하고 중요해지기 시작했다. 멜리데Melide는 도시 중앙을 가로지르는 도로가 길게 이어져있고 산 로케 공원을 지나 올드 타운Old Town에 도착한다.

산티아고 순례길을 City & Town

한눈에 살펴보는 멜리데 역사

10세기부터 순례자의 수가 증가함에 따라 상인과 알베르게가 자리를 잡기 시작했다. 14세기 초 산티아고 대주교 베렝구엘 데 란도이라^{Berenguel de Landoira}는 주교직을 승계하기 위해 산티아고로 가는 길에 멜리데^{Melide}에 머물렀다. 마을 사람들의 환대에 감사하기 위해 그는 요새를 건설하고 세금을 부과할 수 있는 권한을 부여했다. 15세기에 남작의 권력에 대항한 이르만디냐 레볼츠^{Irmandiña Revolts}에서 중심적인 역할을 했지만, 반란 동안 도시의 성벽과 요새가 파괴되었다. 19세기에 스페인 독립전쟁 기간 동안 나폴레옹 군대에 맞서 싸운 역할을 했다. 프랑스군이 수적으로 열세였음에도 불구하고 군대는 프랑스군을 후퇴시키는 데 성공했다.

현재, 산티아고 순례길과 관련한 숙박이나 산업은 전통적인 농업과 함께 도시 경제에서 중요한 역할을 하고 있다.

 Tip

카사 알론호스(Casa Alongos)

멜리데는 마을이 아니고 도시 정도의 크기이다. 그래서 힘들게 걸어가는 순례자들이 멜리데 중간에 알베르게를 찾는 데 고생을 할 수 있다. 차라리 멜리데 입구에 있는 레스토랑에서 식사를 하고 이동하는 것이 더 나을 수 있다. 그런데 카사 알론고스는 가격이나 맛이 좋고, 주인은 친절하여 기분이 좋아지기도 한다.

산 로케 성당(Iglesia de San Roque)

1949년에 건축되었지만 중세 성 베드로 교회의 외관을 가지고 있다. 갈리시아 중세 예술의 가장 아름다운 예로 예배당 옆에는 14세기에 지어진 원형의 모습이 남아 있다. 멜리데의 상징적인 분수인 푸엔테 데 로스 쿠아트로 카뇨스^{Fuente de los Cuatro Caños}가 있다.

코벤토 광장^{Plaza do Convento}에는 시청이 붙어 있는 성령 성당^{Iglesia de Sancti Spiritus}와 산 안토니오 경당^{Capilla de San Antonio}이 있다. 광장 바로 옆에 멜리데 박물관^{Terra de Melide Museo}이 있다.

산티아고 순례길을 City & Town

성령 성당(Iglesia de Sancti Spiritus)

14세기에 설립된 성 프란치스코 수도원 부지에 있다. 수세기에 걸쳐 추가된 것이 분명하지만 성당의 매력을 더하고 있다. 15세기에 파괴된 마을 성벽의 돌을 사용하여 재건되었다.

18세기에 교회가 확장되고 정면에 탑이 추가되었는데, 산티아고 데 콤포스텔라에 있는 샌프란시스코 수녀원에 있는 탑의 형태를 본떠지었다. 내부에는 바로크 양식과 신고전주의 양식 조각으로 장식되어 있다.

성 안토니오 예배당 & 멜리데 박물관
(Terra de Melide Museum)

1671년에 지어진 바로크 양식의 시골집에 붙어 있는 예배당은 1960년부터 시청으로 사용되고 있다. 새로운 용도를 위해 내부를 철거했기 때문에 옛 형태는 정면만 남아 있다. 내부가 철거될 때, 고대 석조 계단과 안뜰의 배치가 파괴되었다.

1978년 옛 순례자 병원 부지에 세워졌다. 박물관은 8개 층으로 구성되어 있으며 1개 층에는 산티아고 카미노 Camino de Santiago 전용 섹션이 있다.

산티아고 순례길을 City & Town

 멜리데^{Melide} ➡ 보엔테^{Boente} ➡ 리바디소^{Ribadiso}에서
아르수아(Arzua)_14.1km

아르수아(Arzua)
인구가 7,000명이나 되는 도시이지만 개발은 아주 더디다. 마을이 시작되는 곳에서 중심인 중앙광장까지는 거리가 상당히 멀다. 중앙광장에서 왼쪽으로 14세기에 지어진 아우구스티누스 성당이 있고 예배당이 붙어 있다. 알베르게는 도시가 끝나는 지점에 있어서 한참을 걸어야 하지만 다음날 아침에 쉽게 도시를 벗어나는 지점을 알 수 있어 편하게 걸을 수 있다.

32일차 아르수아부터 오 페드로우소까지 - 19.2km

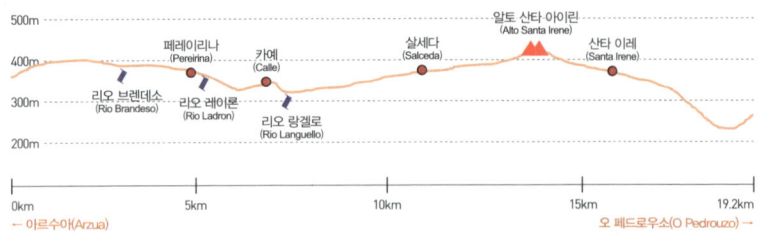

이동경로 / 19.2km
아르수아(Arzua) - 카예(Calle) - 산타 이레네(Santa Irene) - 오 페드로우소(O Pedrouzo)

평지길

본격적으로 산티아고 데 콤포스텔라 근처로 진입하는 날이다. N-547번 도로를 여러 번 만나게 된다.
N-547번 도로는 갈리시아 지방에서 가장 중요한 도로로 모든 차량이 이 도로를 이용하므로 상당히 차량의 통행이 많다. 그런데 도로 옆으로 걷거나 통과하고 터널을 통과하기도 하기 때문에 조심해야 한다.

아르수아^{Arzua} – 카예^{Calle} – 산타 이레네^{Santa Irene}에서
오 페드로우소(O Pedrouzo)_19.2km

오 페드로우소(O Pedrouzo)

'가파른 장소'라는 뜻의 오 페드로우소^{O Pedrouzo}는 산티아고 데 콤포스텔라에 도착하기 전의 마지막 도시이다. 마을은 계속 있지만 마지막으로 알베르게에서 지내면서 하루를 보내면 마지막 지점인 산티아고 데 콤포스텔라에 도착한다. 신고전주의 양식의 성당이 도시의 중앙에 위치하여 종탑을 보면 성당의 위치는 쉽게 확인할 수 있다.

N–547번 도로를 지나가야 하기 때문에 터널을 지나서 걸어가면 루아^{Rua}에 도착한다. 부르고 강^{Rio Burgo}을 건너 숲길이 다시 걸어가면 오 페드로우소^{O Pedrouzo}를 만날 수 있다. 작지만 하루를 묶어 가는 데 편하게 쉴 수 있다.

산티아고 순례길을 City & Town

33일차 오 페드로우소부터 산티아고 데 콤포스텔라까지 - 20.5km

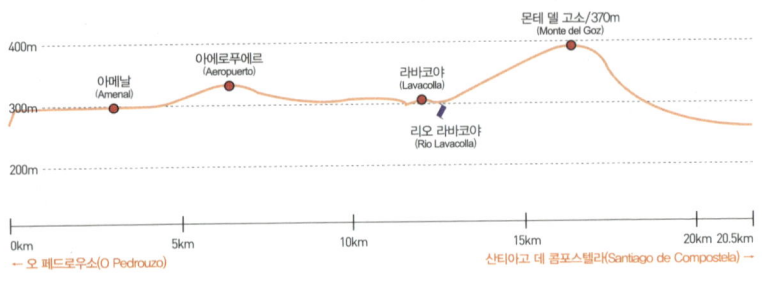

이동경로 / 20.5km

오 페드로우소(O Pedrouzo) - 아메날(Amenal) - 라바코야(Lavacolla) - 몬테 델 고소(Monte del Gozo) - 산티아고 데 콤포스텔라(Santiago de Compostela)

평지길

드디어 산티아고 순례길, 프랑스 길의 마지막 지점인 산티아고 데 콤포스텔라Santiago de Compostela에 도착하는 날이다. 기쁜 마음으로 출발하지만 의외로 도착하는 구간이 오르막길이 있어서 쉽지는 않다. 유칼립투스 숲길은 오르막이 조금 있지만 이내 평지로 바뀐다.
숲은 산티아고 공항까지 이어지지만 본격적으로 포장도로가 나타난다. 포장도로로 상당 구간이 오르막길로 몬테 델 고소까지 이어져 마지

산티아고 순례길을 City & Town

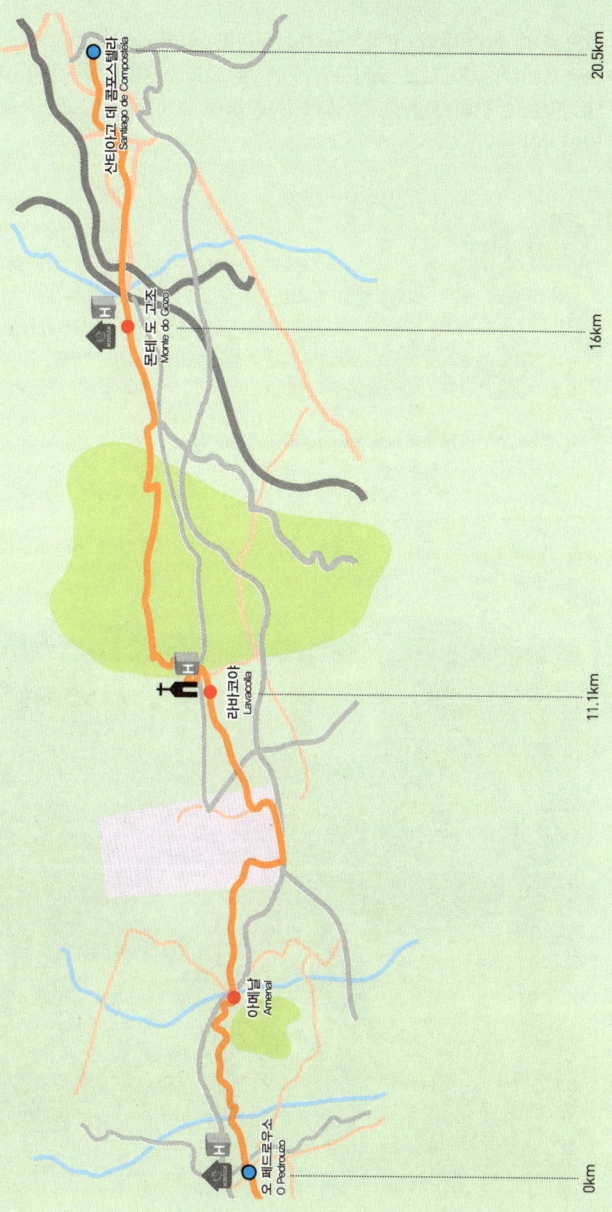

막으로 꽤 힘이 든다. 본격적으로 산티아고 데 콤포스텔라Santiago de Compostela로 진입하면 도로가 넓어지고 교차로와 도로 옆 인도로 걸어가야 한다. 마지막 산티아고 대성당으로 걸어가는 길은 상당히 복잡하여 표지판이나 노란색 화살표를 잘 보고 걸어가야 한다.

 Tip

산티아고 대성당 미사를 보고 싶다면?

유럽의 순례자들은 중세부터 라바코야(Lavacolla)에서 순례자들이 걸으면서 더러워진 자신의 몸을 씻고 다음날 출발하는 의식이 있어 도착하는 지점이 다르기도 하다. 아니면 끝까지 도착한 후 다음 날 산티아고 대성당만 보고 완주증을 받으러 가기도 한다. 선택은 순례자 각자가 정하게 된다.

1. 산티아고 대성당의 미사를 보려고 최대한 산티아고 데 콤포스텔라(Santiago de Compostela)에 접근해 11시까지 도착하려고 하는 순례자들도 있다. 그들은 전날에 9.4km만 남아 있는 라바코야(Lavacolla)나 몬테 델 고소(Monte del Gozo)에 도착해 마지막 날 출발을 하기도 한다. 전날 30km를 걸어야 하는 강행군을 해야 한다.
2. 아니면 오 페드로우소에서 몬테 델 고소(Monte del Gozo)까지만 걷고 다음날 4.5km만 걸어가는 경우도 있다. 조금 더 여유롭게 걸을 수 있기 때문에 많이 선택한다.

산티아고 순례길을 City & Town

오 페드로우소^{O Pedrouzo} ➡ 아메날^{Amenal} ➡ 라바코야^{Lavacolla}에서
몬테 델 고소(Monte del Gozo)_16km

라바코야(Lavacolla)
숲길의 마지막은 시마데빌라^{Cimadevida}에서부터 시작되는 데, 상당히 오르막길이어서 힘이 든다. 날씨가 조금만 더워도 온 몸이 땀에 젖을 것이다. 그래서일까 걸어서 올라가면 오른쪽에 중세 순례자들이 산티아고에 들어서기 전 몸을 씻었던 라바코야^{Lavacolla} 마을이 보인다. 중세에도 순례자는 몸을 청결하게 하고 산티아고 데 콤포스텔라에 도착해 대성당에서 미사를 보려고 했다.

몬테 델 고(Monte del Gozo)

순례자들이 산티아고 데 콤포스텔라 대성당의 첨탑이 보이면 "드디어 도착했다." 는 안도감과 기쁨에 환호를 한다. 그 산은 고소 산$^{Monte\ Gozo}$이다. 이곳은 잠시의 기쁨이라도 가져가는 순례자의 마음을 대변하는 '기쁨의 산'으로 불리게 된다.

언덕의 정상에는 교황 요한 바오로 2세가 방문했던 것을 기념해 세운 방문비가 서 있다. 이 이곳을 내려가면 왼쪽에 500명을 수용할 수 있는 대형 알베르게와 캠핑장이 있다.

몬테 델 고소 Monte del Gozo 에서
산티아고 데 콤포스텔라
(Santiago de Compostela)_4.5km

산티아고 데 콤포스텔라(Santiago de Compostela)
마지막 지점이지만 오랜 시간을 걸어온 순례자는 힘에 부친다. 천천히 카미노 화살표를 따라 가면 카사스 레아이스에 있는 세르반테스 광장에 도착해 쉬어갈 수 있다. 인마클라다 광장과 오브라도이로 광장에 도착하여 기쁨의 포옹을 나누게 된다.

순례자들마다 기쁨의 강도는 다르지만 대부분의 순례자는 감동을 받는다. 자신이 완주했다는 기쁨에서 그동안의 힘들었던 순간이 순식간에 지나간다. 다들 오브라도이로 광장에서 사진을 찍고 한참을 둘러본다.

Santiago de Compostela
산티아고 데 콤포스텔라

산티아고 데 콤포스텔라Santiago de Compostela는 스페인 갈리시아 지방의 수도이자 유네스코 세계유산으로 선정된 도시로 2000년에 유럽 문화 수도로 선정되기도 했다. 산티아고 데 콤포스텔라 대성당은 9세기부터 현재까지 산티아고 순례길로 불리는 성지 순례의 목적지이기도 하다.

도시의 유래

산티아고 순례길의 종착지로 기독교 3대 성지이기도 하다. '산티아고'란 스페인어로 성 야곱을, '데 콤포스텔라'는 별이 내리는 들판을 뜻하는 말이다.
성 야고보의 무덤을 발견한 것을 계기로 그를 기리기 위한 성당을 건축하기 시작했고 이 성당이 지금의 대성당의 기초가 되었다.

산티아고 순례길이 생겨난 이유

중세유럽의 수도사나 기독교 신자들은 성지 순례를 위해 예루살렘을 방문하는 게 소원이었으나, 이슬람 세력이 이스라엘과 중동 지역을 정복하면서 성지 순례가 어려워졌다. 그 대안으로 찾게 된 곳이 야고보의 무덤이 있다고 알려진 산티아고 데 콤포스텔라 대성당 Iglesia de Santiago de Compostela 이었다.

많은 성지 순례자들이 찾아오면서 프랑스 국경의 작은 마을인 생장피드포트 Saint-Jean-Pied-de-Port 에서부터 산티아고 데 콤포스텔라 Santiago de Compostela 까지 이어진 길을 '순례자의 길'이라 부르게 되었다.

걷는 의미는?

처음에는 종교적으로 성지 순례로 중세부터 시작이 되었다. 스페인이 무어인들에게 많은 영토를 빼앗기다가, 국토수복운동인 '레콩키스타'를 시작하는 시발점이 된 것으로도 의미가 있다. 그러다가 근대부터 사람들의 뇌리에서 사라진 순례길은 1980년대 이후로 다시 알려지기 시작했다.

1986년 파울로 코엘료의 소설, '순례자'를 계기로 산티아고 순례길은 큰 전환점이 되었다. 매년 30만 명이 넘는 전 세계 사람들이 순례자가 되어 걷고 있다. 지금은 종교적인 의미 외에도, 자신을 찾아 떠나는 개인적인 이유로 걷는 순례자가 많다.

한눈에 산티아고 데 콤포스텔라 파악하기

대성당 옆에 있는 오브라도이로 광장을 비롯해 구시가 주변에는 순례자의 모습을 볼 수 있다. 성당 안에 들어가면 '영광의 문' 중앙에 앉아 있는 성 야곱을 볼 수 있다. 수많은 순례자들이 돌기둥에 손을 대며 기도를 드려서 기둥에는 닳아서 반질반질해지고 파여 있는 다섯 손가락의 흔적이 남아 있다.

성당에서 미사를 드리고 나면, 알라메다 공원으로 가자. 공원 안의 페라두라 산책로에서 대성당의 첨탑과 거리를 볼 수 있다. 또한 도시에서 5㎞ 떨어진 곳에 '환희의 언덕'인 몬테 도 고소가 있는데 순례자들이 처음으로 대성당의 모습을 볼 수 있는 곳이다. 알라메다 공원에서 내려오면 오브라도이로 광장에서 구시가 주변을 도는 관광열차(6€)를 타는 것도 색다른 산티아고를 볼 수 있는 방법이다.

구시가를 다 보았다면 프랑코거리와 비야르 거리로 가서 기념품 등을 둘러보고 갈리시아 광장으로 이동하면 산티아고 데 콤포스텔라를 다 볼 수 있다.

올드 타운(Old Town)

구시가지는 10세기 말에 이슬람교도들에 의해 파괴되었다가 11세기부터 재건되었다. 산티아고 데 콤포스텔라의 구시가지는 외곽의 산타 마리아 데 콩소 수도원과 함께 가장 관광객이 많이 찾는 명소이다.
구시가지의 광장과 좁은 거리에는 로마네스크, 고딕, 르네상스, 바로크, 신고전주의 양식 건물이 조화롭고 잘 보존된 역사적 도시라는 사실을 보여준다.

산티아고 데 콤포스텔라 대성당

후기 고딕 양식과 바로크 양식이 추가된 로마네스크 양식의 건축물인 대성당은 역사적으로 중세 초기부터 산티아고 순례길의 순례지이자 순례의 끝을 표시하는 장소이기도 하다. 로마네스크 건축의 걸작으로 여겨지는 대성당에는 중세 조각의 보석인 놀라운 포르티코 데 라 글로리아 Pórtico de la Gloria가 있다.

성당의 역사

전설에 따르면 성 야고보가 이베리아 반도에 기독교를 전파했다. 무덤은 814년 펠라기우스 헤르미트 Pelagius Hermit가 밤하늘에서 이상한 빛을 목격한 후 재발견하게 되었다. 이리아의 주교 테오도미루스는 이것을 기적이라고 인식하고 아스투리아스와 갈리시아의 알폰소 2세에게 알렸다.
왕은 그 자리에 예배당을 지을 것을 명령

했다. 829년에 첫 번째 성당이, 899년에 레온의 알폰소 3세가 명령한 로마네스크 양식의 성당이 세워졌고, 이를 계기로 유럽에 성지 순례지로 걷는 순례자가 크게 늘어났다.

997년에 성당은 칼리프의 지휘관인 알-만수르 이븐 아비 아미르^{Al-Mansur Ibn Abi Aamir}에 의해 잿더미가 되었지만 다행히 야고보의 무덤과 유물은 그대로 남았다. 코르도바로 운반한 성문과 종은 모스크에 사용되었다.

현재와 같은 대성당으로의 건설은 카스티야의 알폰소 6세의 통치와 디에고 펠라에스 주교의 후원 하에 1075년에 시작되었다. 프랑스에서 가장 큰 로마네스크 양식의 건축물인 툴루즈의 생 세르닌 수도원과 같은 계획에 따라 화강암을 재료로 사용했다. 여러 번 중단되기도 했지만 대성당은 레온^{Leon}의 알폰소 4세 때인 1211년에 축성되었다.

도시는 순례지로서의 중요성이 커짐에 따라 1100년에 교황 우르바노 2세에 의해 대주교좌로 승격되었다. 1495년에 대학이 추가되고, 16, 17, 18세기에 증축으로 확장되었다.

성당 내부

정면의 중앙에 있는 제단에는 천사들이 밑을 받치고 그 위로 산티아고 조각상이 서 있다. 클라비호 전투의 영웅인 산티아고 상으로 조각했다. 제단화 뒤로 가서 산티아고 상을 안으면 행운이 찾아온다고 하여 순례자들이 껴안는 모습을 볼 수 있다.

매일 낮 12시, 저녁 19시 30분에 미사를 보는 데, 긴 줄에 향로를 매달아 분향하는 미사는 매일 있는 것이 아니다. 성당의 축일과 한 달에 4회 정도를 알리고 미사를 하게 된다. 산티아고 성당의 홈페이지(www.catedraldesantigo.es)에서 확인이 가능하다.

 **Tip**

산티아고 대성당 미사를 보고 싶다면?

유럽의 순례자들은 중세부터 라바코야(Lavacolla)에서 순례자들이 걸으면서 더러워진 자신의 몸을 씻고 다음날 출발하는 의식이 있어 도착하는 지점이 다르기도 한다. 아니면 끝까지 도착한 후 다음날 산티아고 대성당만 보고 완주증을 받으러 가기도 한다. 선택은 순례자 각자가 정하게 된다.

1. 산티아고 대성당의 미사를 보려고 최대한 산티아고 데 콤포스텔라(Santiago de Compostela)에 접근해 12시 전까지 도착하려고 하는 순례자들도 있다. 그들은 전날에 9.4km만 남아 있는 라바코야(Lavacolla)나 몬테 델 고소(Monte del Gozo)에 도착해 마지막 날 출발을 하기도 한다. 전날 30km를 걸어야 하는 강행군을 해야 한다.

2. 아니면 오 페드로우소에서 몬테 델 고소(Monte del Goz)까지만 걷고 다음날 4.5km만 걸어가는 경우도 있다. 조금 더 여유롭게 걸을 수 있기 때문에 많이 선택한다.

동쪽에는 킨타나 광장(Plaza Quintana)

대성당의 동쪽에 있는 문은 성스러운 문$^{Puerta\ del\ Perdón}$이라고 부른다. 대성당 뒤편으로 '면죄의 문'으로 불리기도 한다. 문 옆으로 구약성서의 인물과 사도를 조각한 24개의 조각상이 장식되어 있다. 성 야고보의 날인 7월 25일이 일요일에 해당하는 해에만 개방한다고 한다. '성스러운 문'에 접한 광장은 킨타나 광장$^{Plaza\ Quintana}$이다.

산티아고 순례길을 City & Town

서쪽에는 오브라도이로 광장(Plaza Obradoiro)

도시의 진정한 상징은 전 세계에서 가장 아름다운 오브라도이로 광장^{Plaza Obradoiro}의 정면을 형성하는 대성당의 바로크 양식의 서쪽 파사드이다. 성당의 왼쪽에서 바라보면 헬미레스 궁전^{Palacio de Gelmirez}이 같이 성당과 붙어있는 모습을 볼 수 있다. 12세기에 로마네스크 양식으로 헬미레스^{Gelmirez} 주교가 세워 그의 이름이 궁전의 명칭이 된 것이다.

오브라도이로 광장 오른쪽에 있는 국영호텔   산티아고 대성당 정면 모습

 **Tip**

성당의 정면, 영광의 문
(Pórtico de la Gloria)

성당에서 가장 인상적인 부분은 단연 첨탑과 성당으로 들어가는 영광의 문이다. 12세기에 로마네스크 양식의 문을 바꾸면서 마테오가 3개의 문에 2백여 개의 장식을 조각하면서 지금까지 이어오고 있다.

중앙 상당에는 요한계시록에 나오는 24명의 원로가 악기를 연주하는 모습을 형상하고 그 아래에 예수가 4명의 복음서 저자, 천사에게 둘러싸여 있는 모습을 조각했다. 왼쪽에는 구약, 오른쪽에는 최후의 심판에 나오는 천국과 지옥이 장식되어 있다.

남쪽에는 플라테리아스 광장(Plaza Platerias)

성당 남쪽부분에는 플라테리아스 광장Plaza Platerias이 있다. 중앙에 1122년에 세운 '말들의 분수대'를 주위로 사람들이 지나가고 로마네스크 양식의 플라테리아스Platerias 문이 보인다.

말들의 분수 　　　플라테리아스 문

산티아고 순례길을 City & Town

북쪽에는 인마쿨라다 광장(Plaza Inmaculada)

이전에는 순례자 완주증인 콤포스텔라를 받기 위해 순례자 사무소를 가기 위해 찾는 광장이었지만 현재는 국영호텔 뒤로 옮겼다.
1769년 도밍고 로이스 몬테아구도가 신고전주의 양식으로 문을 조각하고 아사바체리아 문이라고 부르게 된다. 19세기에는 신학교가 세워지면서 인마쿨라다 광장 Plaza Inmaculada이 성당 주위에서 가장 활성화된 광장으로 탈바꿈했다.

인마쿨라다 광장과 오르라도이로 광장을 연결하는 아치 아르코 데 팔라시오

산 마르티뇨 피나리오

치유

조대현

상처를 치유하는
가장 좋은 방법은
상처를 받지 않으면 된다.

상처를
받지 않으려면
나 자신을
먼저
바라보아야 한다.

우리가 우리 자신을
먼저 바라보지 않는 이유는
연약함과 취약함을 상대에게
드러내고 싶지 않아서다.

상대의 공격을 받을까 두려워서

그토록 집요하게
남들의 모습을 파고들고
판단하는 데만 열중하다가
오히려 큰 상처를 받는다.

마음껏 연약하고
취약함을 드러내고
부드럽게 대하라.

산티아고 순례길의 마지막 지점, 피니스테레^{Finisterre}

산티아고 데 콤포스텔라에서 서쪽으로 약 89km 떨어진 곳에 있는 대서양에 접한 마을로 피니스테레^{Finisterre}의 '피니스^{Finis}'는 끝이라는 뜻이고, '테레^{Terre}'는 땅이라는 뜻의 합성어이다. 일찍이 로마인들이 이곳을 세상의 끝이라고 믿었기 때문에 생겨난 이름으로, 중세시대까지 스페인 사람들이 세계의 끝이라고 했던 장소이다.

버스 시간표에도 피스테라라고 적혀있으니 만약 현지인에게 물어 볼 일이 있으면 '피스테라^{Fisterra}'라고 말해야 스페인 사람들이 이해하기 쉽다. 거리는 얼마 안 되지만 산티아고 데 콤포스텔라에서 3시간 정도가 소요된다. 구불구불한 해안 길을 계속 따라서 오기 때문에 조금 시간이 걸린다. 라틴 아메리카가 발견되기 전까지 세계의 끝이라고 여겨졌던 피니스테레^{Finisterre}는 라틴어 조합으로 만들어진 명칭이고, '피스테라^{Fisterra}'라는 명칭은 갈리시아 지방의 말이다.

순교한 야곱의 시신이 돌배에 실려 바다를 건너 피니스테레^{Finisterre}에 도착했다는 이야기가 전해 내려오면서 중세시대부터 사람들은 성지순례의 마지막 지점으로 여겨졌다. 갈리시아 주에서 세운 표지석에 "Km 0.000"라고 표시되어 있다. 절벽 위에서 보는 석양의 바다풍경이 아름다운 곳으로도 유명하다.

Tip

이동 방법

걸어서 산티아고 데 콤포스텔라에서 피니스테레(Finisterre)까지 걸어가려면 약 89km의 지점을 걸어가야 하므로 3~4일이 소요된다. 피니스테레(Finisterre)에 관심을 가지고 있는 순례자들은 걸어가는 대신 버스를 이용해 산티아고(Santiago) → 피니스테레(Finisterre)를 왕복하는 버스를 타고 이동한다. 버스는 버스터미널에서 표를 구입하지 않고 버스운전사에게 직접 구입해도 된다. 오전 9시에 출발한다면 19시에 돌아오는 투어버스도 운영하고 있다.

도착해 맞이한 0.00k.m.

0이라는 숫자를 보면 순례자들은 아쉬운 탄성을 내쉰다. "아 이제 진짜 끝이 났구나" 생각이 들기 때문이다. 다들 표지석에서 사진을 찍기 때문에 사진을 찍어달라는 요구를 순례자들은 잘 들어준다.

예전에는 순례자들이 신고 온 신발이나 물품 등을 태워버리면서 순례의 끝을 장식했었지만 이제 태우는 행위는 금지되었다.

산티아고 순례길을 City & Town

마을 중심에서 제일 끝 부분에 걸려있는 노란색 표시로 '도마르 알베르게(10€)'에서 숙박을 하는 경우가 많다. 알베르게의 테라스에서 보이는 경치는 환상적이다. 다만 해안절벽을 따라 불어오는 대서양의 바람은 대단히 매섭다. 부슬비가 내려도 바람이 강해 우산은 뒤집어지고 우비가 필요 없을 정도로 흠뻑 젖게 만든다.

스페인어

[기본표현]

Hola. [올라] ⋯ 안녕하세요?
Buenos días. [부에노스 디아스] ⋯ 안녕하세요? (아침 인사)
Buenas tardes. [부에나스 따르데스] ⋯ 안녕하세요? (오후 인사)
Buenas noche. [부에나스 노체스] ⋯ 안녕하세요? (저녁 인사)
Gracias. [그라시아스] ⋯ 감사합니다.
Está bien. [에스타 비엔] ⋯ 괜찮습니다.
Bien, gracias. [비엔 그라시아스] ⋯ 네, 잘 지냅니다.
Cómo? [꼬모] ⋯ 다시 한 번 말씀해 주세요.
Por supuesto. [뽀르 수푸에스토] ⋯ 물론입니다.
Entiendo. [엔띠엔도] ⋯ 알겠습니다.

buen viaje [부엔 비아헤]
⋯ 좋은 여행 되세요. (공항에서 작별할 때 얘기하면 좋아요)
buenas noches [부에나스 노체스] ⋯ 좋은 밤 되세요.
adios [아디오스] ⋯ 안녕히 가세요 / 안녕히 계세요 / 안녕 (헤어질 때)
A dónde quiere ir usted? [아 돈데 끼에레 이르 우스뗏]
⋯ 어디 가고 싶으신가요?
Qué deseas comer? [께 데세아스 꼬메르] ⋯ 무엇을 드시고 싶으신가요?
Qué tal la comida? [깨 딸 라 꼬미다] ⋯ 음식이 어떤가요?
Qué tal el dormitorio? [깨 딸 엘 도르미또리오] ⋯ 침실은 어떤가요?
Qué tal Corea? [깨 딸 꼬레아] ⋯ 한국은 어떤가요?

[지시 대명사]

allá [알랴] ⋯ (방향) 저기 (손으로 가르키며 말하면 듣는 사람도 쉽겠죠? ㅎㅎ)
aquí [아끼] ⋯ (방향) 여기
este [에스떼] ⋯ (사물) 이것
aquel [아깰] ⋯ (사물) 저것

ven aquí [벤 아끼] ⋯ 이리로 오세요.

[장소]

baño [바뇨] ⋯ 화장실
dormitorio [도르미또리오] ⋯ 방(침실)
restaurante [레스따우란떼] ⋯ 레스토랑
recepción [레셉시온] ⋯ 리셉션

[형용사]

frío [후리오] ⋯ 춥다
caliente [깔리엔떼] ⋯ 뜨겁다 (덥다 아닙니다)
picante [삐깐떼] ⋯ 맵다
lindo [린도] ⋯ 멋있다
bueno [부에노] ⋯ 좋다/착하다
alto [알또] ⋯ 높다, (키가)크다

[일상 대화]

De dónde es? 어디에서 오셨습니까?
Aquí tiene. 여기 있습니다.
Cuál es el propósito de su viaje? 여행의 목적이 무엇입니까?
Cómo está? 요즘 어떻게 지내세요?
Un momento, por favor. 잠시만 기다려 주세요.
Me llamo James Dean. 저는 제임스 딘입니다.
Es culpa mía. 제 잘못입니다.
Hace un poquito de frío. 좀 추워요.
Vale. 좋아요.
Tenga un buen día! 좋은 하루 보내세요.
Lo siento. 죄송합니다.
Mucho gusto! 처음 뵙겠습니다.
De nada. 천만에요.
Necesito ir al aseo. 화장실 다녀올게요.
Dónde esta el aseo? 화장실이 어디에 있죠?

[숫자]

uno 하나
dos 둘
tres 셋
cuatro 넷
cinco 다섯
seis 여섯
siete 일곱
ocho 여덟
nueve 아홉
diez 열
once 열하나
doce 열둘
trece 열셋
catorce 열넷
quince 열다섯
dieciséis 열여섯
diecisiete 열일곱
dieciocho 열여덟
diecinueve 열아홉
veinte 스물
cincuenta 오십
cien 백
mil 천
un millón 백만

[카페 / 레스토랑]

La cuenta, por favor. 계산서 주세요.
Una mesa para no fumadores, por favor? 금연석으로 주세요.
Una servilleta, por favor. 냅킨 좀 주세요.
Para cuántas personas? 몇 분이 오셨어요?
Un vaso de agua, por favor. 물 한 잔 주세요.
Sólo azúcar, por favor. 설탕만 넣어 주세요.
Un protector gástrico, por favor. 소화제 좀 주세요.
Carne de vaca, por favor. 쇠고기 요리로 주세요.
Se me ha caído una cuchara. 수저를 떨어뜨렸습니다.

Para tomar aquí o para llevar? 여기서 드시겠어요? 포장해 가시겠어요?
Cuál es la especialidad del día? 오늘의 특선메뉴는 뭐죠?
No quiero nada de comer. 음식은 필요 없습니다.
Me temo que este filete está demasiado hecho.
이 스테이크는 너무 익힌 것 같아요.
Está libre este asiento? 이 자리는 비어 있나요?
A qué se debe este coste adicional? 이 추가 요금은 무엇입니까?
Invita la casa. 이것은 서비스로 제공하는 것입니다.
Qué hay para cenar? 저녁 식사는 무엇인가요?
Yo invito. 제가 계산할게요.

Qué va a pedir? 주문 하시겠어요?
Podría cambiar mi pedido? 주문을 변경해도 될까요?
Me gustaría sentarme junto a la ventana. 창가 자리로 주세요.
Me da un café. 커피로 주세요.
Quería un chuletón. 티본 스테이크로 주세요.
Otro tenedor, por favor. 포크 하나 새로 가져다 주세요.

[교통]

Quiero irme lo antes posible. 가능한 한 빨리 떠나고 싶습니다.
Dónde está la boca de metro más cercana? 가장 가까운 지하철역은 어디입니까?
Deme uno para el que salga más temprano. 가장 빨리 출발하는 표를 주세요.
Al aeropuerto, por favor. 공항으로 가주세요.
Un billete para el express, por favor. 급행표로 주세요.
Cuál es la siguiente estación? 다음 역은 어디입니까?
Gire a la izquierda en el segundo semáforo. 두 번째 신호등에서 좌회전 하세요.
A qué hora sale el último autobús del día? 버스 막차 시간이 몇 시죠?
Dónde está la parada del autobús? 버스 타는 곳이 어디에 있습니까?
Con qué frecuencia sale el autobús? 버스가 얼마나 자주 출발하나요?
Dónde puedo hacer transbordo? 어디에서 환승할 수 있나요?

Déjeme aquí. 여기서 내려 주세요.
Pare aquí, por favor. 여기에 세워 주세요.
Un billete de ida y vuelta, por favor. 왕복표 한 장 주세요.
Dónde se paga el billete? 요금은 어디에서 냅니까?
Cuánto cuesta? 요금이 얼마입니까?
Hay algún autobús por aquí que vaya hasta el centro?
이 근처에 시내로 가는 버스가 있나요?
Hay alguna gasolinera cerca de aquí? 이 근처에 주유소 있어요?
Este tren va a Madrid? 이 기차가 마드리드행인가요?
Puedo cambiar de asiento? 자리를 바꿔도 될까요?
Puede quedarse con el cambio. 잔돈은 가지세요.
A qué hora salimos? 저희는 언제 출발하나요?
Dónde está la parada de taxis? 택시 타는 곳이 어디인가요?

조대현

스페인에 현재 거주하면서 스페인을 직접 체험하면서 글을 쓰고 있다. 63개국, 298개 도시 이상을 여행하면서 강의와 여행 컨설팅, 잡지 등의 칼럼을 쓰고 있다. KBC 토크 콘서트 화통, MBC TV 특강 2회 출연(새로운 나를 찾아가는 여행, 자녀와 함께 하는 여행)과 꽃보다 청춘 아이슬란드에 아이슬란드 링로드가 나오면서 인기를 얻었고, 다양한 여행 강의로 인기를 높이고 있으며 "해시태그" 여행시리즈를 집필하고 있다. 저서로 블라디보스토크, 크로아티아, 모로코, 베트남, 푸꾸옥, 아이슬란드, 가고시마, 몰타, 오스트리아, 스페인 등이 출간되었고 북유럽, 독일, 이탈리아 등이 발간될 예정이다.

폴라 http://naver.me/xPEdID2t

산티아고 순례길을 걸으며 만나는 City & Town
(산티아고 순례길을 걸으며 만나는 도시와 마을들)

인쇄 l 2024년 5월 22일
발행 l 2024년 6월 5일

글 l 조대현
사진 l 조대현, 파울로 카르도네Paolo Cardone(이탈리아 사진작가)
펴낸곳 l 해시태그출판사
편집 · 교정 l 박수미
디자인 l 서희정

주소 l 서울시 강서구 허준로 175
이메일 l mlove9@naver.com

979-11-93839-25-6(03920)

- 가격은 뒤표지에 있습니다.
- 이 저작물의 무단전재와 무단복제를 금합니다.
- 파본은 구입하신 서점에서 교환해드립니다.

※ 일러두기 : 본 도서의 지명은 현지인의 발음에 의거하여 표기하였습니다.